La communauté philosophique

DU MÊME AUTEUR

Aux Éditions Galilée

CÉLÉBRATION DU GÉNIE COLÉRIQUE. *Tombeau de Pierre Bourdieu*, 2002.
SPLENDEUR DE LA CATASTROPHE. *La peinture de Vladimir Veličković*, 2002.
LES ICÔNES PAÏENNES. *Variations sur Ernest Pignon-Ernest*, 2003.
LA PHILOSOPHIE FÉROCE. *Exercices anarchistes*, 2004.
ÉPIPHANIES DE LA SÉPARATION. *La peinture de Gilles Aillaud*, 2004.
LA COMMUNAUTÉ PHILOSOPHIQUE. *Manifeste pour l'Université populaire*, 2004.

Michel Onfray

La communauté philosophique

Manifeste pour l'Université populaire

Galilée

ISBN 2-7186-0658-4 ISSN 0152-3678

À mes amis de l'Université populaire, dits du « canal historique » : Séverine Auffret, Gilles Geneviève, Gérard Poulouin.

Et, bien sûr, à Dorothée Schwartz.

Où réédifierons-nous le Jardin d'Épicure ?

F. NIETZSCHE, *Lettre à Peter Gast*,
26 mars 1879.

Liée à un organisme violent et impétueux, la philosophie des Lumières devint elle-même violente et impétueuse.

F. NIETZSCHE, *Humain, trop humain*, II, § 221.

Toute personne a le droit de prendre part librement à la vie culturelle de la communauté, de jouir des arts et de participer au progrès scientifique et aux bienfaits qui en résultent.

Déclaration universelle des droits de l'homme, article 27.

Pour plus d'informations, voir le site internet de l'université populaire de Basse-Normandie à Caen : http://perso.wanadoo.fr/michel.onfray/

Introduction

Fonder

Un Jardin nomade

J'aspire à un genre de nouveau Jardin d'Épicure, mais hors les murs, non plus sédentaire, géographiquement clos, localisé, mais un Jardin nomade, portatif, mobile, emporté avec soi partout où l'on se trouve. Un Jardin virtuel aux effets réels. Une façon de vivre selon les principes épicuriens dans le monde et non à côté de lui. Je propose une machine de guerre qui, sur le principe du cheval de Troie, entre dans la ville pour y mener son combat de résistance, d'opposition et de vie alternative au monde trivial.

Pas étonnant, dès lors, qu'avec l'historiographie classique, on connaisse les thèses d'Épicure sur l'éthique ou la physique, le détail de sa fragile constitution physiologique, qu'on glose sur le *Tetrapharmakon*, disserte sur ses orgies avec un petit pot de fromage et un verre d'eau, que certains passent leur vie de chercheur en philosophie à s'exciter sur le poids de ses atomes, mais que nulle part on ne trouve de renseignements concrets sur le Jardin ! Rien ou si peu…

Au nord-ouest d'Athènes, où j'étais parti sur les traces de ce lieu mythique, trompé par les indications d'un plan, je n'ai trouvé pour Jardin d'Épicure qu'une place d'église malpropre avec des enfants qui jouaient comme oiseaux dans une volière. Des voitures partout, une pollution considérable, des traces d'oxyde de carbone maculant les murs, des magasins aux enseignes délabrées, rien qui dise le lieu philosophique. Reste cette idée qu'il se trouvait à l'écart, en banlieue, loin du centre, du Parthénon et de l'Acropole où vivaient les dieux, les importants et l'ombre de Platon.

Or, je tiens le Jardin d'Épicure pour ce que Deleuze nomme un *personnage conceptuel*, une figure, une occasion de philosophie et de philosopher, un concept disposant de la même dignité que le nombre pythagoricien, l'Idée platonicienne, l'*épochè* sceptique et autres classiques de la philosophie. Le Jardin : une œuvre philosophique, une incarnation, une idée devenue volume. Bâtiment épicurien, maison conceptuelle, habitation destinée à l'idée, on peut imaginer que, tel Malaparte, le philosophe disposait d'*une maison qui lui ressemble*.

Dans l'absolu, tout Jardin procède du Tigre et de l'Euphrate, là où, en Mésopotamie, on localise pour la première fois un paradis. J'ai compris ce qu'il nommait en Mauritanie dans une oasis où, après des heures de désert, de sable, de vent brûlant, le corps asséché, je suis entré dans celle de Terjit : fraîcheur du ruisseau ondulant sous les ramures vertes, ombre des palmiers, douceur de l'air, contraste avec la touffeur dans les dunes, pureté du point d'eau où l'on se baigne nu, un sable de poudre orangée, des ocelles de lumière jouant partout sur le sol, le bruissement des insectes : l'antithèse du désert, le havre, la paix du corps, sa sérénité après la mise à l'épreuve.

Sans conteste, le Jardin procède de l'oasis. Pas étonnant que les caravaniers ayant conduit leurs troupeaux de chameaux et leurs caravanes dans la fournaise trouvent des bénédictions dans ces points d'eau ! Antidote à la violence du désert, l'oasis fournit un concept qui devient le paradis, lequel génère le jardin et autres communautés idéales dans lesquelles, toujours, se trouvent des architectures vertes, réductions florales et végétales de l'idée que les hommes se font des arrière-mondes…

Une anti-République

De ce Jardin d'Épicure véritable, il ne reste rien, sinon quelques bribes jamais véritablement ramassées dans un ouvrage ou un article. Dans les livres sur les jardins, rien non plus : la généalogie mésopotamienne, bien sûr, ceux des curés et des moines occidentaux, évidemment, quelques considérations sur le couple à l'anglaise/à la française, certes, sans oublier les versions zen, mais aucun développement sur le jardin philosophique : Épicure, donc, mais aussi Philodème de Gadara, un épicurien campanien qui vivait dans la villa des Pison au temps de César, ou la maison d'Érasme, sans parler du lieu de Pétrarque...

Quelle surface a ce Jardin d'Épicure ? On ne sait... Combien de personnes le fréquentent ? On l'ignore... Comment y occupe-t-on son temps dans le détail ? On ne peut le dire... Et l'architecture, le style des bâtiments, leur nombre, leur agencement ? Rien ne subsiste... Sinistre paradoxe : pour l'amener à la philosophie épicurienne, Lucrèce dédie son sublime poème à Mémmius, celui-là même qui projeta des opérations immobilières sur les ruines du Jardin d'Épicure – au Ier siècle av. J.-C... Pas bien convaincant, Lucrèce !

En revanche, on sait le prix de ce Jardin : quatre-vingt mines. Soit, après conversion en un objet équivalent de l'époque, celui d'une trirème de trente-sept mètres, armée pour deux cents soldats. On imagine le coût faramineux de ce lieu philosophique ! Épicure n'avait pas de fortune personnelle et ce sont deux de ses disciples – gloire à Léontéus et Idoménée ! – qui financèrent le projet – comme Pison le fit pour Philodème de Gadara dans la villa des Papyrus, à Herculanum, ou Mécène pour Horace et Virgile.

Ce Jardin fonctionne comme une anti-République de Platon. D'ailleurs, Jardin et République, au-delà de l'histoire, agissent comme deux personnages conceptuels trans-historiques : d'une part, la micro-communauté résistante, la société qui fait sécession de la société dans la société ; d'autre part, la machine, le Léviathan nourri d'individualités, de subjectivités, de particularités qui produisent une collectivité dans laquelle se noient les singularités. Épicure ou Platon : l'alternative demeure d'actualité !

Précisons : Platon aspire à une République qui n'en a que le nom. Même chose avec le sous-titre de son dialogue, *Sur la justice*, une notion elle aussi prise en otage. Car le philosophe de l'idéal ascétique veut tout, sauf une République juste. Il aspire à *une monarchie injuste, hiérarchique, totalitaire*, où le roi-philosophe – sinon le philosophe-roi... – dispose des pleins pouvoirs pendant que la classe des producteurs fournit sans broncher les richesses à la caste des gouvernants. Entre deux, la classe des militaires dissuade et empêche le peuple de se rebeller contre cet état de fait. Matrice et modèle des gouvernements totalitaires, la République platonicienne fournit également l'idéal de la raison vers lequel tendent peu ou prou tous les gouvernements, sans exception.

Épicure propose une *communauté philosophique construite sur l'amitié* : la philosophie n'est pas réservée au gouvernement des autres mais à qui aspire seulement à l'empire sur soi. Pas de pouvoir sur autrui mais de la puissance sur la construction de soi par laquelle se réalise aussi le groupe. Les hommes côtoient les femmes, les riches se mélangent aux pauvres, les jeunes fréquentent les vieux, les citoyens philosophent avec les métèques, les hommes libres partagent le temps et l'espace avec les esclaves : on ne fait pas plus communauté égalitaire et libertaire… Dans la République, l'individu existe par la collectivité ; dans le Jardin, la communauté n'existe que par et pour lui.

UN CONTRAT PHILOSOPHIQUE

L'anti-République procède d'un contrat synallagmatique. Sans cesse renouvelable, verbalement, par accord tacite ou dans la reconduction silencieuse du quotidien jour après jour. Autant le contrat social est une fiction, une fumisterie – quand, où, et comment chacun d'entre nous a-t-il passé un jour un contrat avec la société ? – autant le contrat philosophique repose sur des bases concrètes et repérables : il suffit de s'engager entre soi et soi, soi et la communauté, pour un projet d'édification personnelle, de construction active et de transfiguration individuelle.

Une rencontre philosophique, une conversion existentielle, une décision volontariste, un travail sur la consistance de son être, puis l'émergence d'une subjectivité : voilà ce que suppose le contrat philosophique. Platon absorbe et digère les individus dans sa République, vaste machine qui exige le mensonge, l'autorité, la soumission, la contrainte, l'obéissance – des femmes, des enfants, des faibles, des poètes, des sans-grade, des travailleurs, des malvenus ; Épicure sublime la communauté avec des individualités libres, consentantes, liées à des promesses pour réaliser un caractère joyeux, un tempérament apaisé et fort.

La philosophie politique d'Épicure se concentre dans trois maximes qui affirment : 1) le droit n'existe pas en soi, dans l'absolu, mais relativement au passage d'un contrat ; 2) en vertu d'un droit naturel, chacun reconnaît ce qui est utile pour s'éviter mutuellement des torts ; 3) il n'y a pas de dommages ni d'injustices si aucun contrat n'a été conclu au préalable. Avec ces trois temps forts, on peut construire une communauté hédoniste où l'on veut ce qui permet l'augmentation de sa joie d'être ; où l'on évite, refuse et récuse ce qui engendre désagrément, peine et souffrance ; où l'on se parle pour créer des projets communs ; où le langage sert, non pas à mentir, séduire, tromper, mais à prévoir et envisager des trajets partagés. Le but ? Parvenir à cette satisfaction suprême : le pur plaisir d'exister.

Le contrat permet de vivre en philosophe dans un monde qui ignore et méprise la sagesse, ce qui oblige chacun des impétrants à des techniques de préservation. L'élection de celui qui s'engage à un projet commun d'existence épicurienne, l'éviction de qui ne peut ou ne veut y consentir. Soit par manque d'intérêt, soit par délinquance relationnelle, c'est-à-dire incapacité à contracter, tenir un engagement, mener un projet rectiligne : les mineurs affectifs, les sujets ravagés par la pulsion de mort, les psychismes éparpillés, les autophages, les inaptes au bonheur, au plaisir et à la jouissance d'eux-mêmes, donc d'autrui.

L'élection construit l'amitié, vertu majeure et cardinale des épicuriens : elle excelle plus par ses potentialités que par ce qu'elle donne effectivement ; elle est un secours, une force ; elle suppose l'intérêt de deux jouissances bien comprises ; elle suscite et sollicite des vertus oubliées : douceur, prévenance, tendresse, délicatesse, don, partage ; elle réduit la solitude ; elle crée la communauté qui, à son tour, la crée, puis l'entretient. Personne mieux qu'Épicure n'a donné ainsi à l'amitié un rôle architectonique pour générer une communauté.

Un Jardin hors les murs

Le Jardin d'Épicure est impensable aujourd'hui sur le mode du décalque à l'état pur. D'abord parce qu'on ignore le détail de ses modalités à l'époque ; ensuite parce qu'une grande pensée se tue dans une reprise à la lettre, car seul importe l'esprit. Comment être épicurien aujourd'hui ? De quelle manière penser en disciple postmoderne d'un sage vieux de vingt-quatre siècles ? À quoi peuvent ressembler une consolation philosophique, une communauté philosophique, une existence philosophique ? Qu'est-ce qu'une vie transfigurée par une théorie de la sagesse ? Etc.

La communauté doit éviter le piège majeur : l'enfermement géographique, la localisation précise dans l'espace, le fonctionnement sédentaire qui débouche vite sur la secte animée par un gourou. En revanche, elle doit être ouverte, mobile, dynamique, en mouvement permanent : en un mot, nomade. Contre *la communauté enracinée* dans un sol, il faut promouvoir *la communauté invisible*, un genre de Jardin hors les murs, existant là où l'on se trouve, emporté avec soi-même, construit avec l'aura du vouloir hédoniste.

Une micro-société pour de micro-résistances. Une utopie concrète – dans l'esprit d'un Ernst Bloch – faite de réseaux aussi invisibles que l'énergie électrique, mais créateurs de zones de densité et d'efficacité. Des rhizomes entremêlés, des entrelacs de relations verbales, gestuelles, de postures, de silences complices, de gestes communicationnels effectués pour réaliser le contrat. Une cartographie sans cesse en devenir, jamais figée dans un tracé définitif. Moins une photo morte qu'un film vivant.

Car la vie philosophique ne se vit pas contre les autres ni malgré eux. Pas plus on ne peut mener ce type d'existence avec n'importe qui. Ni n'importe comment. Au départ se trouve une *vie mutilée*, aliénée – la vie brute qu'aucune construction ni aucun projet n'informent ; ensuite on connaît les joies d'une *vie transfigurée* par la découverte et les possibilités d'un projet existentiel ; ainsi on redécouvre le souci antique de la *vie bonne*, donc de la *vie juste*, à savoir une *vie réussie* – celle qu'on aimerait voir se reproduire dans le cas improbable de l'éternel retour nietzschéen !

UNE RÉVOLUTION ATOMIQUE

Nietzsche, on l'ignore bien trop souvent, a désiré un pareil laboratoire d'amitié, un lieu où la philosophie s'exerce et s'incarne dans la vie quotidienne. Dans sa correspondance, plus que dans l'œuvre publiée, il avoue sa nostalgie d'un Jardin épicurien : il dit envier au philosophe de Samos ses disciples. Non pas sur le principe du maître qui domine des disciples, mais sur celui du sage qui enseigne d'abord et avant tout à ce qu'on se libère de lui : travailler à une émancipation, viser l'autonomie, apprendre la liberté jamais donnée mais toujours à construire.

Nietzsche aime chez Épicure l'aspect inactuel, intempestif, disons-le autrement : toujours d'actualité. Il goûte aussi son art d'inventer une philosophie héroïque et idyllique, discrètement héroïque et doucement idyllique. De quoi créer entre soi et soi un sentiment dont j'ai trouvé la belle formule chez… François de Sales dans l'*Introduction à la vie dévote* : la *douceur avec soi-même*, début d'une douceur possible avec les autres.

Ce cloître, Nietzsche veut le partager avec, entre autres amis, Paul Rée et Lou Salomé. Le travail, la méditation, l'écriture, le partage, l'échange, la vie communautaire tenue par une passion de la philosophie expérimentée au quotidien. L'idée n'ira jamais au-delà d'un projet sur le papier des lettres échangées. Le père de Zarathoustra veut que, dans ce Jardin nouveau, on puisse créer une *école des éducateurs*, un lieu où les éducateurs s'éduquent eux-mêmes – une *université libre*, écrit-il à sa sœur…

Les révolutions sur le mode ancien sont devenues impossibles dans l'histoire postmoderne. À la place de cet espoir aboli, il reste ce que Deleuze nomme le *devenir révolutionnaire des individus* – tâche exaltante ! Si un changement s'avère possible, c'est par micro-capillarités, et non plus sur le mode politique insurrectionnel. Révolutions nomades, transmigrantes, parcellaires, ponctuelles, capables d'induire des réactions en chaîne ; révolutions microscopiques, car de petites causes peuvent générer de plus grands effets ; révolutions concrètes, ici et maintenant, et non désir de révolution pour demain, qui dispense d'engagement dans la chair de l'Histoire ; révolutions sur le mode décentré, déterritorialisé du cloître nietzschéen, nulle part localisables, mais locales tout de même, repérables aux points névralgiques de l'intersubjectif social ; révolutions d'abord invisibles, puis visibles ensuite – sur le mode de propagation de l'ange pasolinien de *Théorème* ; révolutions possibles *hic et nunc* pour ne plus attendre d'impossibles révolutions demain. L'Université populaire que j'ai créée en 2002 se propose d'illustrer l'une de ces révolutions moléculaires – atomiques, pour utiliser un mot que n'aurait pas renié Épicure…

Première partie

Misères de la philosophie

Légitimer

Les plumes du philosophe

Quand, où et comment, quelqu'un – et qui ? – dit qu'on a affaire à de la philosophie ou à un philosophe ? Quelles instances visibles ou invisibles légitiment l'usage de l'épithète et de la qualité ? Y a-t-il des lieux, des circonstances, des occasions, des intermédiaires, de grands prescripteurs, des institutions, avouées ou non, avec lesquels se décide qu'une œuvre ou un penseur relèvent du saint des saints philosophiques ? Comment entrer dans une histoire des idées, dans les manuels ou dans l'époque paré des plumes du philosophe ? Les instances légitimantes sont multiples qui contribuent à une historiographie académique. Cette tradition, identifions-là et mettons-là en morceaux.

Car, sur ce terrain, tout se dit, et le contraire de tout : le jeu sur l'appartenance de telle œuvre au domaine philosophique, ou son rejet dans les limbes de l'essai, de la littérature ou du journalisme, génère un nombre considérable d'impostures. Montaigne n'est pas philosophe, Nietzsche non plus, ni Derrida... Trop littéraires, trop atypiques, trop à part des critères habituellement reconnus pour l'adoubement ; pas plus d'Holbach, La Mettrie ou Jean Meslier, trop engagés, trop polémiques donc, pas assez politiquement dans l'idée communément admise des Lumières ; ni même Camus, « philosophe pour classes terminales » selon l'assassine et désormais célèbre formule de Jean-Jacques Brochier ; pas plus Alain, grand professeur, certes, mais nullement philosophe, disent d'aucuns. Trop singulier, trop individu, trop militant, trop abordable, trop lisible : voilà autant d'occasions de recaler un impétrant au seuil du panthéon philosophique.

De même – et pour le seul XXe siècle – Sigmund Freud est réduit à la psychanalyse, Michel Leiris à l'ethnologie, Claude Lévi-Strauss à l'anthropologie, Emil Michel Cioran a droit à la qualité de moraliste, Maurice Blanchot à l'étiquette de penseur, Pierre Bourdieu à celle de sociologue. Bien d'autres auteurs sont enfermés dans la prison d'une définition excluant leur appartenance à un double registre : un métier, un ton, un style, et, simultanément, une dimension philosophique. L'abord de ce continent par une autre forme que l'habituelle, selon une voie d'accès moins royale – le divan, l'autobiographie, le voyage, l'aphorisme, la littérature, le terrain –, voilà qui interdirait le statut d'œuvre philosophique ?

Pendant ce temps, nombre de professeurs de philosophie ne cessent de répéter, plus ou moins bien, la théorie des autres – payés par l'État pour cette besogne destinée partiellement à rendre impossible tout travail réellement philosophique –, et s'attribuent le titre sans complexe, à la manière de l'Empereur qui, le jour du sacre, s'empare de la couronne pour se la placer sur le chef… L'autolégitimation marche souvent de pair avec le refus de légitimer un tiers qui pourrait pourtant mieux prétendre à la qualité.

Des philosophes qui le sont mais qu'on – nous verrons ce que cache ce *on*… – ne dit pas tels ; des marginaux de la pensée qui, eux aussi, en font partie, mais souffrent du même ostracisme ; des enseignants ou des laborieux du livre de commande apparemment philosophique – un produit de l'époque libérale – qui se nomment tels ; des individus qui produisent un travail réellement philosophique mais refusent d'être considérés comme appartenant à la communauté : voilà l'état, confus, des lieux. D'où la nécessité de regarder du côté des instances légitimantes – nombreuses et enchevêtrées.

L'EXISTENCE PHILOSOPHIQUE

L'Antiquité propose une définition simple de la philosophie : je la fais mienne. Elle en fait l'activité réflexive et de méditation qui donne lieu à une existence en conséquence. Théorie, certes, pensée, oui, dissertation, rhétorique, analyse, évidemment, confrontation, explication, argumentation, à l'évidence, approfondissement conceptuel, bien sûr, mais uniquement dans le but de transfigurer la vie, d'opérer une conversion nettement repérable dans le quotidien.

Avant que le christianisme se saisisse, pour la confisquer définitivement, de la notion de conversion, l'étymologie témoigne d'une origine dynamique : *tourner avec*. D'où les acceptions nombreuses hors l'option religieuse : en mécanique, elle signifie le point autour duquel s'effectue une rotation ; en théorie militaire, elle sert à nommer le changement de front ; en marine, à formuler la manœuvre d'un corps de bâtiment ; en alchimie, à indiquer la transmutation des métaux ; mais aussi en finance, jurisprudence, médecine, logique, arithmétique, astronomie, on trouve des sens possibles au-delà de l'acception classique monopolisée par la religion catholique : « Tirer les âmes hors d'une religion qu'on croit fausse pour les faire entrer dans une religion qu'on croit vraie », dixit Littré...

En philosophie, le sens reste proche de l'option religieuse : une transfiguration spirituelle. Et l'on pourrait baptiser *conversion* l'opération mentale par laquelle on quitte un état d'existence – *la vie mutilée* – pour un autre état auquel on aspire – *la vie philosophique*. D'où un avant, un après, et un entre-deux marqué par la rencontre physique (dans l'espace) ou mentale (dans le temps) : Platon et Socrate au pied de l'Acropole, Antisthène et Diogène à Athènes, mais également, séparés par trois siècles, les livres de Démocrite l'atomiste et leur découverte par Épicure le matérialiste hédoniste.

L'histoire de la philosophie pourrait se lire comme celle des rencontres et des conversions qui instaurent un dépassement et une affirmation de sa sensibilité propre – Malebranche et Descartes, Kant et Hume, Schopenhauer et Bouddha, Nietzsche et Schopenhauer, Sartre et Heidegger, etc. Mais aussi, moins dans les feux et la clarté publique, tel ou tel inconnu qui, sur l'agora d'une cité grecque, découvre et entend la parole d'un épicurien, d'un stoïcien, d'un cyrénaïque, puis change de vie et aspire à devenir sage. Le philosophe nomme celui qui chemine vers le modèle, l'idée de la raison, une grande individualité devenue l'occasion d'une imitation sans servitude.

De sorte que, une fois convertis, les philosophes de la période préchrétienne deviennent d'autres hommes. Leur intérieur se modifie, mais leur extérieur aussi : comme un signe de la métamorphose interne, le dehors affiche la modification aux yeux du plus grand nombre. Le vêtement, la barbe, l'allure, le négligé ou la prestance, tout fait signe et sens. La conversion n'épargne rien. Le lin blanc du vêtement des pythagoriciens, le manteau défraîchi des cyniques, la barbe taillée des stoïciens, mais aussi le régime alimentaire avec ses interdits – les fèves des disciples de Pythagore, le poulpe cru de Diogène pour signifier l'excellent de l'ensauvagement, l'éloge de la nature et la critique de la culture, donc du cuit, ou le pain sec, signe de l'austérité d'Épicure, etc.

Dans l'Antiquité, un philosophe l'est car sa vie le montre : en signes apparemment anecdotiques, mais aussi dans sa façon d'entretenir un rapport à soi, aux autres et au monde. L'habit ne fait pas le moine philosophique, il faut également des actions, des paroles, des pensées qui prouvent l'adéquation d'une intériorité et d'un mode d'être au présent. Dans *Les Sectes à l'encan,* Lucien de Samosate triomphe en exhibant, ironique, les contradictions des philosophes d'antan : Socrate platonisé aime les idées pures, certes, mais aussi les jeunes garçons bien charnels ; les ascètes épicuriens professent la frugalité mais raffolent de sucreries ; les stoïciens placides, inaccessibles au coup du sort sur le papier, se montrent, dans la vie, avides, coléreux, emportés... En fait, ces figures parlent en philosophes mais ne vivent pas en conséquence. Lucien a raison de se moquer, car la preuve du philosophe, c'est sa vie philosophique. Sa légitimation ? Son comportement, la congruence de ses mots et de ses actes. Plus l'écart est petit, plus grand est son droit à mériter l'épithète.

Destruction du modèle antique

Cette façon de pratiquer la philosophie est mise à mal par l'avènement du christianisme. Pas tout de suite, cependant, car quelques pères de l'Église ne se séparent pas immédiatement du modèle antique. Il faut deux ou trois siècles pour que le christianisme s'impose comme religion d'État. Mais lors, la philosophie devient la discipline qui légitime les pratiques effectuées au nom de Jésus-Christ dans un Empire où le pouvoir spirituel sert les intérêts du pouvoir temporel. Le philosophe ? L'auxiliaire idéologique du pouvoir. Les autres ? Des hétérodoxes, des non-philosophes. Les pères de l'Église parlent en masse de la *vraie philosophie* – qui suppose donc une fausse !

La patrologie des deux premiers siècles de notre ère invite encore, de temps en temps, à l'existence philosophique : être chrétien suppose vivre et se comporter comme tel. Non pas parler seulement chrétien – d'autant que le vocabulaire et la doctrine s'élaborent et que foisonnent les occasions de contradiction –, mais montrer dans le détail de sa vie une adhésion véritable, visible et sincère, à l'enseignement de Jésus : pauvreté volontaire, refus des biens de ce monde, humilité, ascèse spirituelle et corporelle, etc.

Lorsque le christianisme devient officiel avec l'accès de Constantin au pouvoir, la philosophie définit la discipline qui ajuste la doctrine évangélique au pouvoir d'État. On quitte les réflexions sur le célibat, la virginité, la prière, la toilette des femmes pour aborder la critique pinailleuse des textes néotestamentaires. Le philosophe construit le corpus officiel de l'Église, il est l'homme de main du pouvoir. Quiconque, même chrétien, pense un tant soit peu dans les marges, devient un hétérodoxe, un hérétique qui peut craindre pour sa vie – parmi tant de cas, voir Boèce !

Des précurseurs avaient commencé le travail d'élaboration d'une idéologie officielle : Tertullien et Irénée de Lyon, par exemple, en travaillant sur le concept d'hérésie et en attaquant violemment tout ce qui pense librement. Fin du philosophe vivant en conformité avec sa pensée, avènement de l'intellectuel organique. Désormais, philosopher c'est produire du concept, des idées, des justifications théoriques, des arguments pour un pouvoir qui impose son empire sur les corps et les âmes. Rien n'oblige dès lors ces laborieux appointés – symboliquement ou réellement – à vivre leurs idées : elles ne visent pas l'application propre et personnelle, l'engagement de soi, car elles édictent des lois et formulent des impératifs *pour les autres*. Naissance du donneur de leçons...

Début d'une période catastrophique pour la philosophie : le Moyen Âge. Quels philosophes ? Quelle philosophie ? Quels penseurs aux VIIe, VIIIe ou IXe siècles de l'ère commune ? Barbarie, sauvagerie, régression. Seules les règles monastiques se souviennent vaguement de la tradition antique : être chrétien, c'est penser en chrétien, certes, mais surtout vivre en chrétien, au plus près d'un message qui nécessite une conversion philosophique et spirituelle. Le moine comme permanence du philosophe.

Permanence d'une sagesse pratique

Malgré l'obscurité chrétienne tombée sur l'Europe, des philosophes recommencent à penser la discipline comme une occasion de vivre et de produire un style de vie. La Renaissance, par le retour prôné aux grands anciens, affirme la possibilité d'être chrétien, certes, mais elle emprunte également aux stoïciens, on le sait, ou, on l'ignore plus, aux épicuriens. Lorenzo Valla le premier, au Quattrocento, enseigne dans le *De Voluptate* la possible alliance du Christ et d'Épicure. Érasme, grand amateur et connaisseur du philosophe italien, reprend ces thèses dans *Le Banquet épicurien* où il affirme la réalisation du christianisme dans l'épicurisme, et vice versa. Montaigne ne dira pas autre chose : les *Essais* sont le journal des allers et retours entre vie quotidienne et vie philosophique : comment exister en épicurien des siècles après le Jardin d'Épicure ? De quelle manière refaire pour soi, dans son temps, cette communauté qui apprend à jouir du pur plaisir d'exister ?

La découverte des *Essais* de Montaigne peut produire à l'époque – et aujourd'hui encore – les mêmes effets dans une existence que celle d'Épicure pour un

Athénien du IIIe siècle av. J.-C. En face du philosophe de cabinet, fonctionnaire astreint à son employeur – Église et État, c'est la même chose… –, le modèle du philosophe antique persiste, contre vents et marées. La légitimation vient dès lors des enseignements de la vie du philosophe : son existence prouve son essence. Retrouvailles avec l'Antiquité par-dessus des siècles de mauvais temps intellectuels.

Après la Renaissance et la pensée moderne, d'autres philosophes pensent moins l'individu et les conditions de son accomplissement que la construction d'une communauté. Ainsi, le Siècle des Lumières vise moins la belle individualité sur le mode grec que la belle communauté sur le mode romain. La Révolution française aime moins la Grèce – elle préfère Sparte à Athènes de toute façon… – que Rome et ses grandes figures. Effacement de l'individu, avènement du citoyen. Le philosophe devient le penseur du lien social et du contrat. Sa légitimité ? Son utilité à rendre possible une société où l'individu devient un sujet, non plus du Roi, mais de la Nation : la différence n'y est pas grande face au dommage qu'est le renoncement à un individu souverain. Seuls la Loi, le Droit, la Nation culminent. Disparition du philosophe sur le principe grec, apparition de son mode romain. Menaces sombres une fois de plus…

On connaît la propension du XIXe et du XXe siècle à mettre au second plan ou à passer sous silence la construction individuelle de soi : règne des collectivités, des communautés, des totalités, voire du totalitaire. La philosophie sert massivement les intérêts du collectif : après 1789, des idéologues (sous le Consulat et l'Empire) au marxisme (sous de Gaulle) en passant par le positivisme, le socialisme utopique français, l'hégélianisme de droite ou de gauche, on célèbre le tout auquel les parties doivent se soumettre.

Certes, on peut être schopenhauerien ou nietzschéen, puis construire son existence sous le signe de la négation du vouloir-vivre ou de l'affirmation dionysiaque, mais le philosophe, c'est prioritairement la Pythie d'un oracle social légitimé par le compagnonnage avec le grand homme chargé d'imprimer à l'histoire la vérité du concept et de la raison dans l'histoire… Mais d'Érasme à Nietzsche en passant par Montaigne et Schopenhauer, ou bien Spinoza – sa béatitude et sa joie sont existentiellement praticables… –, perdurent une sagesse pratique et la définition du philosophe comme maître en art de mieux ou bien vivre.

Légitimations populaires

Le philosophe est parfois légitimé directement, démocratiquement, par le public qui vient en nombre. Donc ni par l'Université ou l'Église, ni le Prince ou l'État, ni par ses pairs, mais par un public de non-spécialistes. Ainsi les cours d'Henri Bergson au Collège de France lui valent un immense succès : assemblée considérable, public écoutant le cours par les fenêtres, fleurs couvrant sa chaire, au point que l'auteur de *Durée et simultanéité* précise : « Je ne suis tout de même pas une danseuse ! » Ou Jean-Paul Sartre effectuant sa conférence « L'existentialisme est un humanisme » dans une salle ravagée par les fans : guichet d'entrée soufflé, bousculades, chaises cassées, coups et blessures, femmes en syncope, évanouissements, police secours, etc. Soit deux dates importantes : 1914 et 1945…

On ne sait pourquoi, en dehors de la caste philosophique, le public déborde franchement sorbonagres, agrégés et docteurs, loin des spécialistes de ces questions, ni pourquoi les gens du commun se retrouvent dans une enceinte pour écouter des conférences sur l'évolution des théories de la mémoire, de la liberté ou de la volonté, la nature et les rapports de l'esprit et du cerveau, ou encore les analyses des relations entre existence et essence chez Jaspers, Heidegger, Kant et Kierkegaard… Constatons, quoi qu'il en soit, qu'avant la première guerre mondiale et à la Libération, au moment où l'Histoire brûle, la demande de sens philosophique semble incandescente.

Pas étonnant, dès lors, qu'avec l'apparition de la télévision dans chaque foyer, la philosophie connaisse une nouvelle ère, donc obéisse à de nouvelles légitimités : après le modèle existentiel de l'Antiquité, la pratique servile du christianisme, le déploiement de ce travers sur le terrain laïc de la passion communautaire, la quête de sens, après le retrait du christianisme comme modèle dominant, la disparition des grands discours contemporains des années 1970, produit une nouvelle attente symptomatiquement satisfaite par les Nouveaux Philosophes : la Bible cesse de faire vraiment recette, le *Capital* également, Freud ne résout pas tous les problèmes, l'esprit de Mai 68 a sombré dans la réaction ou le conservatisme de la droite au pouvoir. Bernard-Henri Lévy apparaît avec quelques acolytes – André Glucksmann, Maurice Clavel, Guy Lardreau et Christian Jambet – sur le petit écran d'un Bernard Pivot qui nomme ce courant, en utilisant une expression nietzschéenne lancée dans la presse du moment : les « Nouveaux Philosophes »... Nous sommes en 1976-1977.

Antimarxisme de gauche, dit-on. En fait, ralliement au libéralisme par anticommunisme radical : antimarxisme, on voit bien, de gauche, on demande à voir ! *L'Archipel du goulag* d'Alexandre Soljenitsyne justifierait, disent-ils, qu'on ne puisse plus l'être ! La Kolyma interdirait toute gauche de gauche – comme si le prosoviétisme du Parti communiste français était sa seule modalité... D'où la naissance, à grands renforts de citations et de commentaires d'Alexis de Tocqueville, d'Hannah Arendt et de Raymond Aron, d'une pensée libérale (de droite) rendue plus présentable avec quelques trompe-l'œil de gauche. Vingt-cinq ans plus tard, le trajet de chacun des protagonistes témoigne :

il s'agissait de liquider toute possibilité d'une gauche digne de ce nom. Pari tenu…

Le même public qui s'évanouit chez Bergson, brise les chaises chez Sartre, se pâme devant les apparitions télévisées de philosophes qui, jeunes, beaux, habiles, rhéteurs, convaincants, invitent, *volens nolens*, les électeurs à voter plutôt Giscard aux présidentielles. En effet, Mitterrand, avec son programme commun d'alliance avec le Parti communiste, c'est le cheval de Troie de l'Union soviétique pour conquérir Paris ! Boulevard, dès lors, pour le libéralisme, droite et gauche confondues. On connait le résultat un quart de siècle plus tard : cette peste est devenue l'horizon indépassable de notre époque avec son cortège de malheurs – misère, chômage, pauvreté, paupérisation, guerres, racisme, antisémitisme, précarité, néofascisme, populisme ! Merci…

L'ÈRE DE LA MARCHANDISE PHILOSOPHIQUE

À l'époque, Deleuze a fustigé l'indigence, la malhonnêteté et la méthode des Nouveaux Philosophes. Ses arguments ? Ils n'écrivent pas de livres, ils saisissent seulement des prétextes éditoriaux pour paraître à la télévision. Leur seule œuvre ? Des passages au petit écran : pixéliser leur visage, puis devenir une icône, une figure reconnue afin de peser en valeur marchande dans le monde de l'édition, de l'écriture journalistique et du monnayage de conférences sonnantes et trébuchantes. Qui pourrait, en effet, isoler et rappeler les idées véritables des Nouveaux Philosophes ? Tout juste quelques reformulations de thèses antisoviétiques déjà présentes chez les anarchistes russes de 1917, ou de ce que tout le monde savait après Victor Kravchenko et son *J'ai choisi la liberté* (1946), ou Jean Grenier et son *Essai sur l'esprit d'orthodoxie* (1938), voire l'Albert Camus de *L'Homme révolté* (1951), un livre justement dédié à Jean Grenier...

Et l'on croyait impossible plus de dévoiement ! Il fallut déchanter... Car le devenir marchand de la totalité de la société – grâce au concours de la droite au pouvoir ou de la gauche libérale mitterrandienne, activistes de la même politique – ne pouvait pas épargner la philosophie. Une demande sur ce terrain ? Apparition d'une offre adéquate... Une envie de penser, de réfléchir, savoir et comprendre, ou d'analyser ? Une proposition d'idées simples, de bon sens populaire, de morale laïque, de valeurs judéo-chrétiennes et de kantisme mouliné dans un style journalistique occupe le devant de la scène et propose ici un *Petit traité des grandes vertus*, là une *Sagesse des modernes*, l'ensemble visant, sous un déluge de citations convenues d'auteurs du programme – Platon, Épicure, Spinoza et Kant – à justifier le monde comme il va, à fustiger les idéaux de gauche, à vouer Mai 68 aux gémonies, à restaurer les vieilles valeurs, à entamer un chorus démagogique et populiste – critique de l'art contemporain, des avant-gardes, de la modernité –, pour, plus récemment, avaliser un compagnonnage de route avec le libéralisme de Raffarin ou de Fabius... De nouveaux *idiots utiles*. Les enfants des Nouveaux Philosophes.

Mais pire a eu lieu encore avec la récente floraison, sur le marché de l'édition, de textes courts, sans idées, portant des titres formatés comme des campagnes publicitaires par des services marketing qui exploitent le désir de philosophie et prennent prétexte du sujet pour s'engouffrer dans un marché porteur : les petits traités, les brefs vade-mecum, les lexiques à l'usage des débutants, la philosophie sans peine, Kant sans Prozac – appelons cela la bibliothèque rose philosophique. Pourra-t-on tomber plus bas encore ?

Voilà où nous en sommes : le marxisme générait jadis en quantité des catéchismes marxistes-léninistes devenus caducs dès l'effondrement du mur de Berlin. Le libéralisme produit la même pléthore livresque sur un semblable principe indigent. Pas de pensée, pas de thèses, évidemment pas de position critique, pas de propositions éthiques, ontologiques, pas d'alternatives politiques, pas d'utopie, pas de mondes nouveaux. Du jeu, du ludique, des paillettes, le monde de la télé-réalité prenant la philosophie en otage...

Institutionnaliser

Une historiographie à abattre

De Socrate sur l'agora d'Athènes aux marchands libéraux de philosophie libérale, le philosophe change souvent d'habits. Mais, peu ou prou, deux lignes de force traversent ce continent pluriel : l'une concerne les philosophes amateurs de pouvoir, l'autre ceux qui lui résistent. D'un côté la filiation qui va de Platon, conseiller du prince, ami des tyrans, dînant à leur table, à Sartre pérorant sous les lambris soviétiques ou cubains ; de l'autre, la famille de Diogène, résistant, profitant de sa rencontre avec Alexandre pour signifier son mépris de ce faux pouvoir de l'empereur sur le monde, lui qui ne croit qu'au seul empire véritable : la puissance sur soi… Aujourd'hui encore, le philosophe n'évite pas d'être ici ou là. Pas de demi-mesure possible.

À l'évidence, quand l'institution – un État, une nation, une Éducation nationale, un ministère, une direction des programmes, etc. – s'occupe de philosophie, elle rend la politesse et célèbre le premier lignage. Le second, elle s'arrange pour l'éviter – ou le nier. Si elle ne peut manquer de se prononcer, elle déconsidère ou dénie l'importance. D'où une légitimation par l'institution – la plus efficace... – et un devenir institutionnel de la discipline : les amis de Platon deviennent les seuls philosophes authentiques et dignes de ce nom. Les autres n'en sont tout simplement pas. Diogène de Sinope au programme des lycées ? Ou de l'agrégation... Rêvons un peu !

Ce corpus se cristallise dans un ensemble d'ouvrages jamais remis en question : les auteurs de manuels – je m'en suis aperçu en écrivant mon *Antimanuel de philosophie* (2001) – ne lisent pas les textes originaux et ne choisissent pas leurs extraits en fonction des intérêts qui devraient conduire leur exposé, à partir des œuvres complètes lues, relues ou retravaillées pour cette occasion. Ils copient, pillent et exploitent les manuels de leurs collègues édités en face. D'où une reprise des mêmes morceaux choisis dans la totalité des manuels qui diffèrent seulement par l'artifice de la mise en pages, de la typographie et de l'iconographie. J'ai parfois même repéré des erreurs factuelles purement et simplement dupliquées d'un manuel l'autre...

Même remarque avec les « histoires de la philosophie » : là encore, en travaillant pour mes cours d'Université populaire à une « contre-histoire de la philosophie », j'ai constaté combien le choix des auteurs, la mise en évidence de tel ou tel, la considération de celui-ci comme mineur ou majeur, la longueur des exposés suivant l'importance postulée, voire l'oubli pur et simple, procédaient d'une même fainéantise à travailler, à penser librement, à se colleter au texte pour proposer des hypothèses de lecture et non pour recycler, sous couvert d'une reformulation stylistique et syntaxique propre, le travail d'autres qui, parfois, supposait le pillage des précédents...

Une autre expérience – la collaboration, quand j'étais étudiant, à la rédaction de notices sur des concepts et des auteurs d'une *Encyclopédie philosophique universelle* (évidemment saluée par la presse – surtout par ceux qui avaient contribué à quelques notices... – comme un chef-d'œuvre de bilan sur l'état actuel de la philosophie...) – m'avait permis de voir combien les « spécialistes » des questions auxquels on demandait leur collaboration devaient leur science à la synthèse de trois ou quatre encyclopédies déjà présentes dans leur bibliothèque depuis bien des années. Pour justifier leurs émoluments, ils se contentaient d'actualiser la bibliographie dans laquelle leurs articles apparaissaient en bonne place. Ah ! l'universitaire courageux, brillant, intelligent, diplômé, audacieux, probe...

Évidemment, manuels, histoires et encyclopédies proposent un même brouet fabriqué par d'aussi pitoyables cuisiniers. Comment espérer une vision inédite ? Des propositions innovantes ? Des angles d'attaques nouveaux ? Des perspectives inattendues ? Des pistes fraîchement défrichées ? Rien d'autre que le pur et simple recyclage de discours idéologiquement formatés, politiquement intéressés et intellectuellement dégraissés. Le premier qui parle pourrait entendre sa voix en écho un ou plusieurs siècles après avoir proféré son discours. Ces instruments de pérennisation idéologique fournissent autant d'occasions de réitérer des erreurs et d'immortaliser les approximations. Car une erreur mille fois rabâchée finit par créer une vérité bien avant la millième incantation.

SOUS UN RÉGIME D'ÉCRITURE PLATONICIEN

En fait, cette historiographie est d'abord écrite par Platon. Platon ou ses sbires, ses descendants, ses élèves, ses disciples, ses sicaires. Sur la seule période antique, combien reprennent par exemple cette idée qu'on peut parler des « présocratiques » ! Or, que dit le mot ? Qu'il existe des penseurs réunis par un point commun : leur existence avant Socrate. Malgré leurs divergences, Parménide et son ontologie, Héraclite et sa dialectique, Leucippe et son atomisme, Anaximandre et ses éléments, Pythagore et ses chiffres, Zénon et sa flèche, Protagoras et sa sophistique, et la centaine de philosophes étiquetés présocratiques – antésocratiques, dit-on même, en semblant convaincu qu'une révolution sémantique suffit… – valent moins pour leurs différences, leurs singularités que pour ce qui les réunit : officier avant Socrate…

Or il n'y a qu'un problème : parmi ces penseurs d'avant la figure christique venue pour sauver la philosophie – platonicienne, bien sûr… – certains méritent mal l'appellation de présocratiques : soit car ils se trouvent être contemporains de Socrate, soit, plus drôle encore, car ils lui ont survécu ! Ainsi Démocrite (460-356), qui naît après Socrate (469-399) et le rejoint au cimetière une quarantaine d'années plus tard… Même si l'on calcule à partir de la date de naissance, le compte n'est pas bon. Pourquoi donc cette erreur manifeste, d'ailleurs évoquée par Jean-Paul Dumont dans son édition des *Présocratiques* en Pléiade, mais reconduite par ses soins dans le titre même de l'ouvrage ?

Parce que lui et les autres abordent la philosophie en platoniciens et qu'ils ne savent ni ne peuvent procéder autrement. Pour eux, Socrate est présenté comme le messie, le prophète par qui, enfin, advient la véritable philosophie. Avant ? Rien, du moins pas grand-chose, un conglomérat, un assemblage hétéroclite, un chantier de fragments et d'idées éparses, un champ de ruines archéologiques sans grand profit intellectuel – sauf pour les monomaniaques du CNRS… Avant Socrate, on ne pense pas, la raison n'existe pas, il faut attendre sa révélation sur le mode messianique.

Or, la pensée « présocratique » existe en archipel sans besoin de recourir à une figure extérieure de référence : il y a des tenants de l'idée et des défenseurs de la matière, des dualistes et des monistes, des mythologistes et des rationalistes, mais il y a aussi une cohérence continentale : le monde, la totalité du monde, retient leur intérêt, le savoir n'est pas encore spécialisé et ils interviennent en encyclopédistes, leur souci majeur consistant à chercher et à proposer une causalité rationnelle qui s'oppose aux explications théologiques, etc.

De même, cette historiographie qui coupe la philosophie grecque à partir de Socrate place une série de philosophes sous la rubrique « petits socratiques » – ou « socratiques mineurs », disent les historiographes… Avant Socrate, donc, mais aussi à partir de Socrate… Qui sont ces petits, ces mineurs ? À mes yeux, des grands et des majeurs, mais selon, bien sûr, d'autres critères : Antisthène, Diogène, Cratès et les cyniques, Aristippe, Théodore et les cyrénaïques, mais également Euclide et Phédon, sur lesquels on ne sait pratiquement rien, et *d'autres socratiques*, comme il est dit dans les ouvrages consacrés à ce sujet – Criton, Glaucon, Simmias, Cébès (pythagorisants !). Soit : le nominalisme, l'immoralisme, le naturalisme, l'antiplatonisme des tenants du Chien, mais aussi le relativisme, l'hédonisme et, toujours, l'opposition à Platon des penseurs de Cyrène… On comprend que, face à pareilles thèses explosives, on écarte ces philosophes pour les considérer comme petits et mineurs…

Or, on en connaît moins sur Socrate que sur Diogène ou Aristippe : on le sait, Socrate n'a rien écrit, il n'a pas laissé d'œuvres à même d'être lues et commentées. Le corpus socratique, ses idées, ses thèses véritables et authentiques comptent pour presque rien, sauf si l'on prend pour argent comptant le Socrate de Platon, véritable personnage conceptuel qui semble entretenir un rapport lointain avec la figure historique du Silène.

La fiction de Platon compte pour plus et mieux que la réalité historique et philosophique. D'où l'intérêt de construire l'histoire de la philosophie avec cette chimère : avant Socrate, même pour de plus jeunes que lui, à partir de lui, même pour ses contemporains indifférents à sa théorie des idées, son inscience et autres colifichets avant tout platoniciens. Avec ce Christ païen, on écrit l'histoire en recyclant les thèses messianiques, en coupant les temps avant et après lui, en rejetant ce qui le précède dans la confusion, en étouffant la diversité et la multiplicité d'un continent entier sous prétexte qu'il annonce, en germe, ce qui se déplierait vraiment avec lui. Voilà une façon de préparer le terrain et de donner à l'auteur du *Phédon* l'autorité et la légitimité sur la seule et unique façon d'écrire l'histoire de la philosophie occidentale.

Sous ce régime d'écriture, point de salut en dehors de la Grèce, en amont du prétendu miracle hellénistique au VIe siècle av. J.-C. : *Rig-Veda ? Upanishad ?* Pour quoi faire ? Et Confucius avant Socrate ? Et les *Livres de sagesse égyptiens* ? Quelle utilité ? Puisqu'on vous dit que l'Europe a inventé la philosophie ! Rien avant elle, rien en dehors d'elle. Pas de spiritualité ou de sagesse, pas même de philosophie, prétendent d'aucuns qui prennent comme mesure... la philosophie occidentale, ses tics et ses trucs, ses travers et ses façons. À la tradition idéaliste et platonicienne, on ajoute un tropisme européano-centriste et, pour tout dire, blanc de peau...

Pour quelle raison ces pratiques de faussaires ? Afin d'encager cette discipline potentiellement dangereuse, puis de la réduire aux seuls philosophes utiles à la reproduction du système social : les fonctionnaires d'État qui choisissent, élisent, taillent et coupent dans la richesse du tissu philosophique prélèvent ce qui sert au mieux les intérêts du système qui les appointe. Les censeurs payés par un régime idéologique mettent en avant ce qui le célèbre ou ne peut être utilisé contre lui : l'idéalisme, le spiritualisme, les pensées religieuses et conservatrices.

D'où l'intérêt d'un Platon célébrant le ciel des idées, détestant le corps et la chair, fustigeant passions, désir et plaisir : il prépare tellement le christianisme… D'où les qualités d'un Descartes qui doute de tout, ou presque, puisqu'il épargne la religion de son roi et de sa nourrice… D'où l'excellence de Kant qui aspire à une morale laïque, mais se contente de démarquer d'une façon langagière et conceptuelle le contenu du Décalogue et du Nouveau Testament. D'où le génie d'un Hegel qui donne son sens à l'individu une fois subsumé sous l'universel, autre nom de la Famille, de la Société et de l'État – lire ou relire les *Principes de la philosophie du droit.* Ne parlons pas de saint Augustin, de Thomas d'Aquin ou des francs dévots de l'Église catholique qui suivent et emboîtent le pas à Pascal, Malebranche et compagnie…

Dès lors, pourquoi retenir, enseigner, promouvoir les idées critiques de celles-là ? Pensées dangereuses qui mettent en péril l'ordre, la loi, la tradition, le monde comme il va ? Démocrite ? Platon voulait déjà, de son vivant, brûler ses œuvres sur la place publique. Jamais il n'a cité son concurrent, alors qu'il écrit si souvent contre son atomisme et son monisme matérialiste. Gassendi ? Cet épicuriste chrétien veut bien de la morale évangélique, mais sûrement pas de la haine de soi, du monde, du corps et de la vie qui triomphe avec la formule catholique, apostolique et romaine. D'Holbach ? Cet athée, ce négateur de Dieu et de la religion, cet homme qui veut une politique faite par les hommes et pour eux, ce personnage qui assigne pour rôle à la philosophie et à la politique le bonheur du plus grand nombre ? Et ce, sans parler des nominalistes qui empêchent la religion de l'universel, les matérialistes qui veulent réconcilier les hommes avec l'ici et maintenant, les libertins baroques du Grand Siècle, démystificateurs et autres philosophes attelés à détruire les fables pour les enfants propagées et entretenues par les philosophes de l'institution – Église et État réunis pour commettre ces forfaits...

Contre l'idéalisme de Platon, le matérialisme de Démocrite ; contre la prudence de Descartes, le courage de Gassendi ; contre le conservatisme de Kant, la révolution intellectuelle de d'Holbach : toute l'historiographie dispose d'un antidote puissant à même de générer une contre-histoire philosophique de la philosophie. Pour chaque penseur professant la nécessité d'attendre et de ne rien faire, la précellence de la méditation sur l'action, la vérité de la tradition, il existe une kyrielle de philosophes oubliés qui veulent ici et maintenant du bonheur, du plaisir, de la joie : de la vie au lieu de la mort...

Cette émasculation de la philosophie est savamment organisée. Pas d'improvisation, nul bricolage intellectuel, jamais d'approximations, mais un cap gardé fermement par l'institution. Jadis, les tenants de l'Université et de l'Église fonctionnaient de conserve. Aujourd'hui, l'administration républicaine, les directeurs de cabinets ministériels, les conseillers techniques de ce ministère, le corps des inspecteurs, celui des professeurs agrégés, à quoi s'ajoute l'inertie de l'Éducation nationale, une machine qui empêche évidemment toute épistémologie novatrice de la discipline en aspirant à la seule reproduction du système sans rien y changer…

Scolariser

Assignation à résidence

L'enseignement de la philosophie en classe terminale offre aujourd'hui l'occasion principale de rencontrer la discipline. Sinon, quand ? D'où l'intérêt, pour certains, de la verrouiller dès ce moment. Ainsi, sous couvert de libéralité, on autorise, on encourage même l'enseignement de cette discipline, certes, mais encadrée et réglementée très puissamment : enseigner la subversion cynique ? La radicalité atomiste ? L'hédonisme cyrénaïque ? L'immanence matérialiste ? La folie gnostique ? La liberté des libertins ? Le goût du réel des sensualistes ? La méthode empirique ? La tradition socialiste ? Celle des libertaires ? La philosophie du désir ? Le nietzschéisme de gauche ? Allons, n'exagérons pas...

L'assignation à résidence de la philosophie dans le carré scolaire s'obtient discrètement avec des décisions techniques avalisées par des cabinets ministériels. Victor Cousin, en son temps, excellait dans ces techniques et méthodes : une idéologie formulée dans des textes de lois transformés en bible des enseignants soumis à ce catéchisme prétendument républicain. Le *Journal officiel* comme catalogue des us et coutumes de l'enseignement et, notamment, de la transmission de la philosophie en classe terminale... On y énonce des notions, des auteurs au programme, des exercices de contrôle des connaissances, des coefficients, une liste de questions libres et au choix (!), puis on définit les limites de l'enseignant... qui a toute latitude pour aborder l'ensemble dans l'ordre qui lui conviendra. Trop généreux !

Pour parvenir à ce résultat, on commence avec des déclarations de principe : la philosophie s'enseigne en classe terminale, et uniquement, car elle couronne l'ensemble du parcours scolaire. On ne peut, disent-ils, philosopher sans disposer en amont d'objets ni de la culture nécessaire. Ce que l'on aura appris en sciences, histoire, géographie, civilisations étrangères et autres études du cursus scolaire, permettra un jour la réflexion. Comme si l'expérience existentielle acquise à dix-huit ans ne suffisait pas à fournir un nombre inépuisable de sujets dont les traitements philosophiques sont dès lors possibles...

Le couronnement – le mot a son importance, la métaphore suppose une discipline reine, royale... – vise à rendre cohérent tout ce qui était resté séparé jusque-là… Il peut paraître étonnant qu'on ait laissé les disciplines s'enseigner sans aucune transversalité – hors cas particuliers d'expérimentations personnelles – avant cet ultime moment de la scolarité obligatoire ! Parcellisé, le monde scolaire accède soudain à son sens quelques mois (neuf, le temps d'une gestation…) avant la fin du cycle secondaire.

Les trois quarts du cursus de l'élève trouvent ainsi leur signification : des premiers moments de socialisation de la maternelle à la classe de philosophie, en passant par l'apprentissage de la lecture, de l'écriture et du calcul, puis des langues étrangères, on évite de penser et de réfléchir, une licence accordée seulement à l'heure du bilan. On aura juste manqué faire de la philosophie la discipline qui accompagne, et non qui couronne, l'ensemble du trajet. Non un supplément d'âme, mais l'occasion d'une épistémologie régulière, constante, à même de justifier les enseignements professés, utiles pour saisir l'intérêt et la cohérence des savoirs dispensés. Philosopher en classe terminale c'est bien, certes, mais beaucoup beaucoup trop tard…

Règlement intérieur philosophique

Le lieu de cet enseignement et son moment étant trouvés, il lui faut un contenu. D'où le calibrage effectué avec la publication des auteurs officiels, d'une liste de notions et de questions libres (!), au programme, elles aussi. Ainsi doté, l'enseignant de philosophie peut bien sûr traiter une autre question avec un auteur non retenu, mais c'est autant de temps en moins sur la masse horaire dévolue au traitement du programme. Or, vu l'étendue de la mission, on ne saurait user de cette liberté pour batifoler conceptuellement quand on dispose déjà de si peu de temps pour boucler le parcours : trente-trois semaines, soit deux cent cinquante heures pour des séries littéraires – une soixantaine pour les terminales technologiques, autrement dit une misère…

Les notions ainsi choisies, les auteurs savamment calibrés, on voit mal comment on pourrait traiter les problèmes autrement qu'en professant sans déroger aux incontournables de l'histoire de la philosophie. Comment échapper à l'allégorie de la caverne et à la théorie des idées platoniciennes ? Au morceau de cire et au *cogito* cartésien ? À l'état de nature et au contrat social rousseauiste ? À l'impératif catégorique et aux postulats de la raison pure pratique kantiens ? À la raison dans l'histoire et à l'esprit absolu hégélien ? Au surhomme nietzschéen et à la transmutation des valeurs ? Au matérialisme dialectique et à la dictature du prolétariat marxiste ? À l'inconscient freudien et à la psychanalyse ? Libre, le professeur de philosophie ? Sûrement pas d'envoyer ses élèves au baccalauréat dans l'ignorance de ces scies musicales philosophiques…

Dans cette année il reste peu de temps pour exercer la liberté grassement et généreusement accordée aux enseignants de traiter librement (!) leur programme. Juste de quoi, pour tout un chacun, se faire plaisir en abordant ici ou là, à une ou deux reprises, son auteur fétiche, son penseur de prédilection – celui qui, au choix, lui rappelle le sujet de sa maîtrise ou de son doctorat, voire le programme des concours passés et éventuellement obtenus... Pas question de lambiner !

Pour avaliser l'idée que les sections littéraires accueillent les littéraires, les scientifiques, les matheux, et les lycées technologiques, les techniques, on dote *a priori* chaque classe d'un coefficient. Voie royale toutes sections confondues : la science. Forts coefficients en mathématiques et physique, philosophie pas bien utile ; les non-scientifiques deviennent littéraires par défaut, la vocation pour les lettres n'est pas majoritaire ; les technologiques sont aux classiques ce que les littéraires sont aux scientifiques : les pauvres recalés, les déchets inévitables du système, le non-dit nécessaire à son fonctionnement...

Singulièrement, on assène aux étudiants en sciences que la philosophie n'est pas leur problème. Certes, si d'aventure ils veulent, ils peuvent, mais qu'ils excellent d'abord dans les sciences dures où le gros coefficient leur permet de ne pas être philosophe – du moins de ne pas investir plus que de raison dans la discipline. Même remarque avec les élèves déjà prêts à sortir du système, presque sur le bord, des lycées techniques : petit coefficient philosophique, gros dans les matières rentables. Pour quelles raisons – surtout en période de libéralisme triomphant… – investir beaucoup quand on risque de gagner peu s'il suffit de faire porter l'effort sur ce qui peut rapporter le plus gros bénéfice ? On part d'un *a priori* sur la capacité des élèves, on choisit un coefficient, et ce coefficient donne raison aux décideurs administratifs : les meilleurs sont bien là où on le pensait, les moins bons également… CQFD !

Avec de petits coefficients, on fabrique de petits investissements, avec de petits investissements, on produit de petits résultats. L'inverse générant le même type d'effets : on fabrique les bons et les mauvais élèves qu'on veut délibérément produire, car il faut, pour les besoins du recrutement social, des littéraires, des scientifiques, des économistes, des technologiques que ce calibrage obtient sans coup férir. La philosophie contribue à cette sélection redoutable avec les critères de notation les plus aléatoires qui soient…

Exercices de style calibrés

Très loin de l'investissement existentiel antique, le devenir scolaire de la philosophie, *via* l'administration, passe par une évaluation. Évaluer quoi ? L'investissement dans la discipline ? Mesurer le devenir-philosophe de l'élève ? Constater le progrès dans la matière ? Quel progrès, d'ailleurs ? Ou bien noter un travail de mémoire exposé dans des exercices calibrés ? La docimologie (!) passe pour une science aux yeux de l'administration et des pédagogues qui supposent l'art de noter une copie identique à celui du calcul de trajectoire d'une planète...

Car les « séances d'harmonisation » – l'expression officielle – dans les périodes d'examen révèlent des choses ahurissantes : une trentaine de professeurs aguerris lit une même copie. Chacun donne sa note en son âme et conscience. Le premier s'exécute, explique, commente sa décision, justifie son chiffre. Étonnement : une fois la dernière note déclarée, on obtient un chiffre relativement moyen situé autour de la première donnée. Si d'aventure un inspecteur malin – il en existe, j'en ai vu au moins un... – invite chacun dès le départ à noter anonymement, pour soi seul, et non sous le regard d'autrui, quand on dépouille les résultats, l'amplitude peut être – elle a été, j'y étais... – de treize points pour une même copie... Avec un coefficient 8, on imagine les dégâts ! Docimologie...

Pourtant les exercices sont extrêmement calibrés : l'art de rédiger et de composer une dissertation et un commentaire de texte ne laisse rien au hasard. Ce qui devrait faciliter une correction harmonieuse... Chaque ligne, chaque paragraphe, chaque partie, chaque exemple doivent apparaître au bon endroit au moment opportun. Pas trop court ni trop long – tant pis si le génie se trouve une fois dans la brièveté, une autre dans un long développement... –, pas de déséquilibre ou de disharmonie entre les parties – l'introduction, les parties du développement, la conclusion doivent comporter un nombre idéal de lignes –, pas de fautes de goût dans les citations – on évite les contemporains, on préfère le philosophe estampillé, cité à propos, au littéraire pertinemment utilisé… –, pas d'extravagance dans la présentation – on évite l'encre bleue des mers du Sud, les mises en pages atypiques, les culs-de-lampe de son cru… Etc.

Pas de subjectivité, pas de je, pas de moi – la tradition académique trouve le moi haïssable… –, pas d'autobiographie ou d'expérience personnelle – même si l'on a médité avec brio sur un morceau de cire dans sa chambre, subi une sortie de route en voiture produisant les mêmes effets théoriques que l'accident de cheval de Montaigne, ou eu la révélation de l'éternel retour dans un café près de chez soi et non à Sils-Maria… Pas de faits d'actualité – fût-ce la chute du mur de Berlin l'année où elle a lieu, plus tard, ça devient de l'histoire, alors ce sera autorisé… Pas de noms propres en dehors du calibrage de l'exercice – Kant, oui, B.-H. L., non. Etc.

Une administration platonicienne

Car l'administration est platonicienne. Pas seulement parce qu'elle aime théoriquement la tradition issue de Platon, mais aussi parce qu'elle pratique en platonicienne convaincue de l'existence d'un idéal. Elle croit que l'excellence du réel se mesure à sa plus ou moins grande distance avec le concept. Ainsi il existe une manière canonique de philosopher en classe terminale avec un programme idéal – il l'est, puisqu'il émane de l'autorité, le démiurge national – et des élèves idéaux. L'exercice qui mesure le talent ou le génie de l'élève est idéal aussi, puisque procédant du même Empyrée : il existe donc une copie idéale – le corrigé type ! – à la lumière de laquelle il suffit de comparer : loin de l'archétype, très loin : très mauvaise copie ; proche de la perfection, du modèle : copie géniale ; entre deux, la plupart des cas : les variations s'effectuent à la discrétion du correcteur.

Le corps d'inspection dispose de milices lancées régulièrement dans le monde sensible de la classe de philosophie pour mesurer la nature du rapport entretenu par l'enseignant avec le monde intelligible fixé une bonne fois pour toutes par le *Bulletin officiel*. À l'évidence, le réel ignore tout de l'idéal... Mais chacun fait semblant de faire au mieux pour coïncider avec l'Absolu : le professeur fait un faux cours d'inspection – préparé avec force sang et eau pendant des heures depuis l'annonce de la fatale visite – pendant que le Pandore feint d'ignorer que ce cours est taillé sur mesure pour lui, car, habituellement, on donne plutôt dans un prêt-à-porter de facture moins élaborée... La vie quotidienne n'est pas platonicienne, seul le jour où le démiurge passe l'est – une heure.

Un jour d'inspection dans l'une de mes classes de lycée technique, j'avais opté pour la lettre à Schuller dans laquelle Spinoza explique qu'une pierre lancée en l'air, si on lui donnait le langage et la conscience, dirait qu'elle choisit de monter, de ralentir, puis de tomber, quand en fait elle se contente d'obéir à la loi de la chute des corps. Extrapolant, Spinoza affirme qu'il en va ainsi des hommes : ils se croient libres car ils ignorent les causes qui les déterminent. Cours, donc, sur nécessité et liberté, existence ou non du libre arbitre, rôle de ce qui peut déterminer un fait ou un individu à être ce qu'il est, etc.

Après gentillesses d'usage et félicitations, l'inspecteur me demande l'autorisation de jouer un peu au professeur et entreprend de lancer mes élèves sur la formulation mathématique de la loi de la chute des corps... Misère ! C'était vraiment le sujet ! Surtout avec des élèves si loin de math sup... Après avoir constaté que la classe ne comprenait pas où il voulait en venir, il lance, un peu énervé, un : « *e* = ? » À quoi, adorable, un élève répond, pour me sortir de l'embarras dans lequel il me croyait : « *e = mc2* »...

Élèves réels contre élèves idéaux, idée d'élève contre réalité d'élèves... Outre que, dans l'absolu, la formulation de la loi de la chute des corps – dont j'ignorais la formule (ma collègue de mathématiques aussi – une excuse, « c'est de la physique », me dit-elle !...) : *e = 1/2 gt2* – n'ajoutait rien à la compréhension du texte et de ses enjeux, voire de ce qui pouvait rendre contemporain et d'actualité ce propos de Spinoza – seule façon de donner aux élèves le désir de prendre un peu au sérieux la philosophie... –, l'inspecteur avait savamment dissocié la philosophie de tout rapport au monde réel. Péché mortel ! Car il s'agit de démontrer à des élèves concrets que la discipline aide à penser le monde dans lequel ils se trouvent. Très exactement le contraire d'une démarche platonicienne. À défaut, les terminales ne voient pas l'intérêt du théorétique pur, ils passent à autre chose.

En persistant dans ce tropisme platonicien, on fâche les élèves avec une discipline dont l'intérêt archéologique ou historique ne les comble pas. Les exercices de style ont été calibrés il y a deux siècles – deux siècles ! – pour l'élite d'une classe d'âge arrivant au baccalauréat et se préparant à devenir l'avant-garde de la reproduction sociale. Frottés de latin, de grec et de rhétorique, disposant d'une culture haut de gamme acquise à l'école et dans le milieu familial, la dissertation expliquée une fois pour toute et pratiquée très souvent pouvait partiellement se justifier – dans la logique d'une philosophie réduite aux jongleries avec l'histoire de la philosophie.

Aujourd'hui, alors que la sociologie des classes du baccalauréat s'est considérablement modifiée, que la formation des élèves ignore les acquis et les présupposés de la dissertation, que la délicatesse avec la langue française, la grammaire, le style, l'orthographe et la syntaxe est à son comble, que le monde alentour rompt de plus en plus avec l'écrit pour lui préférer l'image, la vidéosphère, la télévision, l'oral, que signifie cette façon désespérée de maintenir debout un chef-d'œuvre en péril ?

La punition des notes, à quoi se résument bien souvent l'évaluation et le contrôle de la pratique de la philosophie en classe terminale, n'est pas faite pour réconcilier les élèves avec la culture, le savoir, l'écrit, et, au premier chef, la discipline. Mal noté, apprécié selon ce seul critère – un seul chiffre en fin d'année : la moyenne générale ! –, comment convaincre l'esprit d'un jeune de dix-huit ou vingt ans que la philosophie existe ailleurs, autrement et qu'elle sert à bien autre chose ? Qu'il peut en attendre, par exemple, une conversion dans sa propre existence ? Tout est fait pour éviter cette définition de la philosophie et lui préférer celle d'« une matière comme les autres » – comme disait mon inspecteur avec lequel, évidemment, et sur ça aussi, je n'étais pas d'accord...

Avachir

Philosophie de comptoir

Sortir du ghetto dans lequel se trouve la philosophie confisquée par l'institution et l'Université oblige à lui trouver meilleur lieu, pas pire... Faire descendre la philosophie dans la rue n'oblige pas à la mettre sur le trottoir ! Pourtant, il existe des occasions où on pourrait réellement le croire, tant la démagogie – cette fois-ci le mot convient... – est effective. Quand est-on démagogue ? En flattant le peuple, en lui tenant les discours de facilité qu'il attend : récusation du complexe, discrédit de l'intelligence, mépris de l'effort, croyance à une philosophie immanente du bon sens, entretien de l'illusion que tous seraient des penseurs à leur manière, ou réitération du lieu commun qu'on peut philosopher en économisant totalement l'histoire des idées ou le recours à un minimum de concepts et de langage spécialisé. L'inverse de l'Université qui, elle, croit très exactement le contraire et pense la philosophie complexe (et non simple), intellectuelle (et non sensuelle), laborieuse (et non ludique), ésotérique (et non exotérique), dans le travail de mémoire, le seul vocabulaire technique (et non dans une langue simple et claire). Les deux se trompent et trompent.

La bonne distance se trouve à mi-chemin. Elle s'exprime dans le paradoxe des oxymores : le compliqué simplifié, le cérébral incarné, le travail enrichissant, l'élitisme pour tous, la philosophie abordable. Une option pour accéder graduellement, avec le temps, à une ascèse interdite à personne, pourvu que l'impétrant s'en donne les moyens. Le travail philosophique n'est pas faisable par un autre. Certes il n'est pas facile, il ne produit pas immédiatement d'effets gratifiants, il oblige à de la patience, il induit du découragement, mais il est épanouissant à un degré inimaginable par ceux qui n'en franchissent pas le seuil.

Pour refuser les impasses universitaires et administratives, pratiquer l'inverse ne suffit pas. La Faculté se raidit sur les contenus ? Elle n'envisage pas de les traiter autrement que de façon orthodoxe ? Elle vit de rigueur, d'austérité, de contraintes et d'habitudes ? Elle reproduit, forme et fond, le système social en vigueur ? Elle ne prend aucun risque intellectuel et valide ce qu'il l'est déjà depuis longtemps ? Elle veut la prudence, la lenteur ? Elle refuse l'audace, la pensée subjective ? Elle traque toute forme d'autobiographie, de pensée personnelle ? Certes, elle a tort.

Pour autant, les contenus sont nécessaires, et même indispensables pour pratiquer correctement la philosophie ; leur traitement oblige également à une méthode, pas forcément celle de la caste et des officiels, mais au moins une stratégie rationnelle ; la manière ludique, ironique, joyeuse, humoristique n'interdit pas non plus une ascèse intellectuelle ; l'usage de savoirs alternatifs, subversifs n'est pas systématiquement intéressant ou supérieurement utile dans l'absolu ; le goût de la nouveauté, du paradoxe, de la marge en soi n'est pas plus défendable comme principe ; la revendication d'un moi envahissant ne compte pas non plus comme un gage de qualité.

De sorte qu'on évitera de considérer le café philosophique comme le lieu de prédilection d'une pratique à même de dépasser les impasses universitaires. Car créer de nouvelles voies sans issue n'est pas une solution : les sujets votés faussement démocratiquement et prélevés, bien souvent, dans l'actualité la plus immédiate, ou en relation avec la psycho-biographie de l'intervenant le plus décidé à prendre le micro ; l'improvisation, la parole libre, libérée, proposée comme un droit exercé sur le principe du robinet qui coule, sans projet démonstratif ou communicatif ; la tournure anarchique qui, bien souvent, transforme la rencontre en pugilat, en divan individuel ou collectif, en scène où les Narcisse prennent la parole devant des auditeurs transformés en spectateurs utiles au déroulement du psychodrame ; la tribune libre utilisée pour mettre à disposition du public des lieux communs, un discours général, des billevesées ou coquecigrues considérées par son auteur comme des pensées profondes, définitives, révolutionnaires et inédites ; le recours, sans prolongements théoriques, à l'expérience personnelle, à l'anecdote et au fait divers existentiel comme légitimation de son happening : tout cela ne constitue pas une scène philosophique.

Du modèle médiatique

Le café philosophique a moins pour modèle l'*Agora* grecque – *Un café pour Socrate,* de Marc Sautet, usurpe la paternité socratique là où un renvoi aux sophistes les moins théoriciens et les plus habiles à faire fortune en leur temps conviendrait mieux... –, le débat citoyen et démocratique sur le mode ironique, que le plateau de télévision avec un animateur dont la qualité de philosophe se vérifie moins que celle d'animateur d'émission de société ou de rendez-vous littéraire à la télévision postmoderne du libéralisme échevelé.

L'idée que l'animateur d'un « café philo » – comme on dit – soit systématiquement professeur de philosophie, philosophe ou diplômé de philosophie a fait long feu depuis qu'un travail sociologique sur le sujet montre les origines diverses des Socrate de comptoir et très rarement leur provenance du monde de la philosophie. La formation dans cette discipline n'est bien sûr ni requise – par qui ? – ni nécessaire ni suffisante. Joyeusetés de la loi de l'offre et de la demande à l'état pur !

Les formateurs sociaux, professeurs en autres disciplines, graphologues, psychothérapeutes, conseillers en communication, spécialistes en produits financiers, consultants en réseaux informatiques – résultats de l'étude de Jacques Diament pour l'École des hautes études en sciences sociales (EHESS)... – qui animent des cafés philo, produisent plus de la *socialisation par la philosophie* – thèse de l'auteur – que proprement de la philosophie... L'occasion de se rencontrer, de briser une solitude, de faire entendre une parole vécue comme brimée, interdite, motive bien souvent la machine à café philo.

L'Université a ses modèles, le café philo les siens, en l'occurrence le débat de télévision sur les sujets de société, où chacun a des choses à dire, sans se sentir tenu d'apprendre, réfléchir, progresser, entamer une ascèse avant de se croire fondé à prendre la parole pour faire part de ses recherches et de ses trouvailles obtenues de haut vol, après un réel travail de réflexion. La parole arrive *a priori*, en amont de tout travail, sans même qu'il y en ait eu, ni sur soi ni sur le sujet. Au nom d'un *droit à la parole*, intangible et infrangible, on ne se reconnaît pas de *devoir de réflé-*

chir avant de parler, de penser avant de s'exprimer. Pour quoi faire ? J'ai des idées, donc je pense, donc je prends la parole pour porter à la connaissance du public ma pensée propre – bien souvent un ramassis des lieux communs et avis moyens du moment social...

Puisque la télévision propose en permanence ce genre de débats où chacun peut s'autoriser de lui-même pour asséner ses convictions, sans avoir peaufiné plus que cela la fabrication de ses pensées, pourquoi se l'interdirait-on ? Quel individu se récuse aujourd'hui au nom d'une information lacunaire quand on lui demande son avis sur l'art contemporain, la bioéthique, la mondialisation, même et surtout s'il n'a jamais consacré une heure de sa vie à proprement y réfléchir ? Aucun...

Le café philo fonctionne moins en agora du peuple qu'en ersatz de télévision pour citoyen probablement jamais invité à donner un jour son avis sous les *sunlights*... La philosophie devient dès lors un prétexte, un otage. De sorte qu'il suffit de citer deux ou trois noms de philosophes, une ou deux idées prélevées dans le corpus d'une culture générale héritée de la classe terminale ou d'un bagage d'honnête homme, pour se donner l'illusion qu'on pense, réfléchit et effectue un travail philosophique.

Pas de démocratisation de la philosophie, dès lors, car il ne s'agit pas de philosophie, mais d'un happening social, d'un psychodrame communautaire, d'une thérapie collective, d'une communauté réalisée autour du prétexte philosophique. L'Université, qui croit philosopher en glosant sur les textes des classiques de la discipline, dispose de son avers avec l'habitué du café philosophique qui pense pareillement, mais en brodant sur les lieux communs et les idées générales d'une époque. Avers et revers d'une même façon d'éviter la philosophie...

La bibliothèque rose en philosophie

Le marché est devenu l'horizon indépassable de notre époque depuis que le socialisme libéral mitterrandien a converti la gauche gouvernementale aux vertus de l'offre et de la demande. On connaît les dégâts dans l'entreprise et dans le monde du travail, la disparition de la classe ouvrière et la création d'une classe sociale de nouveaux esclaves sans statuts, taillables et corvéables à merci, disponibles mentalement, intellectuellement, psychiquement, physiquement, soumis à des maîtres qui prennent leurs ordres à la bourse ou dans leur conseil d'administration perméable à la seule loi des dividendes.

Cet état de fait produit des effets considérables sur le monde de la culture. Ainsi du livre, de ses conditions de production, d'édition, de diffusion, de distribution, donc de lecture et d'accès au public. De même pour les autres biens culturels : arts plastiques, peinture, cinéma, musique, etc. L'univers de l'édition, donc de l'édition philosophique, n'est pas en reste. Le moindre opuscule lancé sur le marché avec un titre vaguement humoristique, faussement désinvolte, inconsistant intellectuellement – c'est-à-dire ne contenant aucune idée, encore moins subversive, dangereuse ou utile à la résistance du monde comme il va –, écrit dans un non-style – sujet, verbe, complément, verbes *dire, être, faire* et *avoir* en quantité... –, proposant des remèdes de bonne femme pour philosopher sans aspirine, devenir philosophe en vingt-quatre heures, assimiler l'histoire de la pensée occidentale à coup de brefs traités allégés, de petits précis *(sic)*, voire en abordant les « grandes questions » – en soixante-quatre pages –, les ouvrages qui prétendent réactualiser les exercices spirituels de la sagesse antique avec téléphone portable, voiture ou réfrigérateur, tout cela existe sur le marché juteux de l'édition philosophique.

Exacerbation du je et du moi pour lui-même, comme fin en soi – raconter sa lamentable expérience de professeur de philosophie en lycée sans déboucher sur autre chose que sa haine des élèves et la spectacularisation de sa dépression ; indexation de la prose, du vocabulaire et de la rhétorique journalistiques parsemée de noms de philosophes ou d'aphorismes extraits des dictionnaires de citations pour classe terminale ; vacuité de tout message, puisque rien n'est repérable qui ressemble de près ou de loin à une idée identifiable. La recette, simple, permet les bons tirages.

Le but de ce genre de manœuvres ? Mettre en scène médiatiquement un nom propre dont on monnaie ensuite la valeur en devenant directeur de collection du même genre d'objet éditorial, en pigeant dans les pages « culture » des magazines, en devenant critique littéraire spécialisé dans le monde des idées, en devenant le philosophe invité – consultant ! – sur les plateaux de télévision pour parler de sujets d'actualité. Un miroir pour Monsieur Jourdain qui ferait de la philosophie sans le savoir…

Cette bibliothèque rose de la philosophie réjouit un lectorat qui, malheureusement, passe à côté de véritables livres. Par exemple, elle interdit la lecture de Pierre Hadot et son superbe *Qu'est-ce que la philosophie antique ?*, un modèle d'ouvrage initiatique à la philosophie. Elle empêche qu'après avoir lu cet excellent livre on aille ensuite directement à ses sources, à savoir les rééditions et traductions récentes – des succès de librairie, mérités ceux-là – de textes de sagesse antique grecque et romaine : Cicéron et l'amitié, la vieillesse, la souffrance et la mort, Plutarque et la conscience tranquille, Sénèque et la vie heureuse, Épictète et les pouvoirs de la volonté, Aristote et l'éthique, Marc Aurèle et la sagesse, ainsi que d'autres penseurs dont une seule phrase va mille fois plus loin que la totalité de cette bibliothèque rose.

On ne peut plus, aujourd'hui, éviter la question de la philosophie à la télévision : démocratisation ? impossibilité radicale ? perversion ? erreur systématique ? chance ? prostitution ? Évitons la critique de ceux qui, jamais invités, trouvent évidemment qu'on doit s'interdire d'y aller – principe d'incorruptible ! J'ai souvenir qu'un de mes professeurs d'université – plotinien pour la galerie... – me tançait gentiment chaque fois que j'allais chez Bernard Pivot me contenter de dire ce qui se trouvait dans mes livres, lui qui s'y rendit ventre à terre la seule fois où on l'invita à parler d'un livre qu'il n'avait pas même écrit. Je n'eus pas la méchanceté de lui renvoyer ses courriers...

Passons également sous silence les critiques de ceux qui croient que, puisque la télévision n'est pas le Collège de France, et qu'on ne s'y exprime pas seul dans la forme d'un exposé *ex cathedra* sans être interrompu une heure durant, on ne peut, dans l'absolu, philosopher à la télévision. Le petit écran n'a aucune vocation à se substituer au cours universitaire, au monologue du maître qui souhaite un spectateur consommateur passif de son discours d'autorité. Le complexe de l'instituteur. Philosopher à la télévision n'a rien à voir avec philosopher dans un amphithéâtre.

Certes la nature de l'émission est décisive. Soyons nominaliste, il n'y a pas d'interdit absolu à aller à la télévision qui ne soit fondé sur la blessure narcissique du quidam jamais invité... En revanche, aller chez tel ou tel, voilà le véritable problème : peut-on, ici, chez celui-là, présenter ou faire avancer ses idées ? proposer des pensées alternatives à celles qu'on entend en permanence ? être sûr de ne pas être coupé au montage si on s'est proposé d'élever un peu le débat ?

On ne peut, sur un plateau, dans la logique des vitesses excessives du temps médiatique, dire plus que deux ou trois idées auxquelles on croit vraiment, sur le principe de l'aphorisme, de la maxime, de la fusée baudelairienne. Certes, c'est le premier degré de la philosophie : faire entendre un autre verbe, une voix parallèle, une contre-parole publique. À charge pour l'auditeur d'effectuer le travail nécessaire pour qu'advienne vraiment la philosophie : la rencontre qui ne relève pas du seul auteur mais de la décision volontaire du lecteur.

Qu'y a-t-il de condamnable à voir et à entendre Michel Foucault parler de l'*Histoire de la folie* chez Pierre Dumayet ? Vladimir Jankélévitch évoquer *Le Je-ne-sais-quoi et le presque-rien* chez le Bernard Pivot d'*Apostrophes* ? Mais aussi, chez le même, François Châtelet, Michel Serres, Jean Baudrillard, Régis Debray, Paul Virilio, ou découvrir la brochette de Nouveaux Philosophes en direct ? Critiquer Jean-François Lyotard qui raconte son *Signé Malraux* chez Guillaume Durand ? René Girard, Claude Lévi-Strauss, Paul Ricœur parler de leurs livres chez le même animateur ? Pourquoi s'interdire de découvrir Clément

Rosset jadis chez Michel Polac dans *Droit de réponse* ? Félix Guattari, Emmanuel Lévinas chez Arnaud Spire il y a bien longtemps ? Pierre Bourdieu chez Jean-Marie Cavada pour *La Marche du siècle*, ou Daniel Schneidermann dans *Arrêt sur images* ? Pourquoi penser aujourd'hui que Peter Sloterdijk apparaissant à *Campus* faillit comme philosophe ? Même chose avec Toni Negri filmé par Pierre-André Boutang pour Arte ? Et Jacques Derrida parlant du 11 septembre sur LCI chez Edwy Plenel ? Aucun de ceux-là n'a cru – ni dit – qu'il philosophait plus, mieux, voire autant que dans ses cours, ses conférences ou ses livres en prenant part au débat public et en proposant ses idées au plus grand nombre !

Un Gilles Deleuze fustigeant systématiquement tout passage à la télévision ne refuse pourtant pas d'y apparaître découpé en rondelles avec son superbe et génial *Abécédaire*, montré de son vivant alors qu'il avait souhaité une diffusion *post mortem*. Tant mieux pour nous. Dans une télévision qui, dans sa presque totalité, agit en courroie de transmission idéologique de la médiocrité libérale, qu'un créneau existe dans certaines émissions pour des voix alternatives, des discours intelligents, qui peut s'inscrire contre ? Au nom de quoi ? Sinon d'un élitisme qu'il faut dès lors assumer clairement.

Certes, tout n'est pas parfait dans cette relation du philosophe et du petit écran. Il y aurait beaucoup à dire pour de nouvelles relations ou de nouveaux contrats. Mais il y a sans doute une bonne raison de critiquer un certain usage de la télévision par les philosophes : quand on sait, on sent, on voit que le produit, le livre, a été fabriqué pour se réduire aux seuls effets du petit écran. Écrire pour dire ce qu'on pense, accepter d'en parler pour exposer sur un plateau ce qui se trouve très précisément consigné sur le papier, il n'y a là rien de blâmable *a priori*. En revanche, penser, écrire le livre, le produire comme une machine destinée aux formats, aux slogans et aux temps médiatiques des émissions de télévision, voilà effectivement matière à récusation. L'événement médiatique constitue le seul effet, puisqu'il n'y a rien dans le livre sinon deux ou trois idées de journalistes avec lesquelles on peut tout juste fabriquer un bloc-notes ou un papier destiné aux poubelles dès le numéro suivant.

Bénéfice de cette opération ? Le devenir-philosophe à moindres frais, sans beaucoup de travail, voire avec pas de travail du tout, mais des improvisations de normaliens, d'agrégés formatés comme les polytechniciens et les énarques pour produire des effets de discours sur tout sujet possible, avec la référence adéquate, la citation appropriée, la rhétorique ronflante qui donnent l'impression d'être dans la philosophie alors que le discours légitime le pouvoir en place.

Pas étonnant, dès lors, qu'un Premier ministre de droite, activant une politique ultralibérale, antisociale à souhait, ait pu célébrer ses amis intellectuels et philosophes : Luc Ferry, André Comte-Sponville, Alain Finkielkraut, Bernard-Henri Lévy qui, dans leurs passages médiatiques, se sont constitué une réputation de philosophes amis du système dominant, pas bien rebelles, toujours haineux de la vraie gauche – voir leur détestation symptomatique et hystérique de Pierre Bourdieu, un signe de leur ralliement... –, qu'ils aient dans leurs travaux contribué à fabriquer un réservoir d'idées libérales dans lesquelles s'abreuvent les politiciens conservateurs ou réactionnaires au pouvoir depuis un quart de siècle.

La télévision n'est donc pas condamnable en soi mais relativement aux usages : je déplore que l'ORTF, jadis, n'ait pas mené à bien le projet d'émissions avec Jean-Paul Sartre ; je suis désolé qu'on n'entende ni ne voie pas plus Noam Chomsky parler du terrorisme, André Gorz nous entretenir de la fin du travail, Raoul Vaneigem raconter le savoir-vivre à l'usage des nouvelles jeunes générations, Annie Le Brun parler du désir, Alain Badiou des États-Unis, Jacques Bouveresse des journalistes ; j'aimerais que des voix alternatives se manifestent plus souvent pour montrer qu'il existe moins des philosophes dits médiatiques et les autres, que des philosophes qui, télévision ou pas, s'activent en compagnons de route du libéralisme – et les autres. Car là se trouve la véritable fracture.

Deuxième partie

Exhausser la philosophie

Élargir

Pour une sortie d'écrou...

En termes de droit, l'élargissement définit la libération d'un détenu. Sortir du ghetto, ouvrir les portes de la prison, rendre la liberté. L'élargissement de la philosophie suppose son retour à l'air libre, loin de l'atmosphère confinée des cellules où l'historiographie officielle et la scolarisation de la discipline la confinent depuis beaucoup trop longtemps. Réduire la philosophie à la manie platonicienne de déconsidérer le monde pour mieux célébrer l'idée, le ciel, les arrière-mondes, en faire une matière scolaire émasculée, dépourvue de ses potentialités subversives d'origine, voilà qui appelle une révolution radicale.

Dans la pratique administrative, académique et officielle de la philosophie, la mémoire prend le dessus au détriment de toute activité réflexive, de toute pensée critique et de tout libre examen. Apprendre et régurgiter, mémoriser et restituer dans une forme nouvelle un fond jamais critiqué ni examiné, surtout pas à la lumière de l'actualité du monde. Que nous importe une nouvelle publication d'articles dans des revues spécialisées ou de livres chez un éditeur devenu le fournisseur officiel des gens de la caste philosophâtre sur l'épicurisme campanien – pinaillages sur Philodème de Gadara, lecteur de la doctrine des atomes de Leucippe, ou sur le contenu de la bibliothèque de la villa des Papyrus... – si l'on ne se demande pas comment, aujourd'hui, après Auschwitz et le goulag, la bombe atomique et l'Empire américain, on peut *encore* vivre en épicurien ? À quoi bon, vraiment ? Et la remarque vaut pour : exister en plein siècle postmoderne dans la sagesse érasmienne, l'otium montanien, vivre la joie spinoziste, expérimenter la négation du vouloir schopenhauerien ou la transvaluation nietzschéenne... L'histoire de la philosophie mérite qu'on s'y arrête si et seulement si elle permet d'être philosophe dans la vie quotidienne du troisième millénaire.

Que faire, dès lors, de l'enseignement de la classe de philosophie en terminale ? Ou de sa poursuite, selon le même principe, dans le monde du supérieur où les vices du secondaire sont décuplés et les vertus encore moins visibles ? Doit-on, peut-on, et si oui, selon quels principes, continuer à tuer la radicalité philosophique par l'enseignement tiède d'une histoire de la philosophie déconnectée de préoccupations existentielles ?

Si les *Lettres à Lucilius* présentent de l'intérêt, c'est moins pour la possibilité d'une thèse universitaire sur la part de l'inspiration épicurienne chez Sénèque que pour la possibilité d'entendre encore le message du philosophe stoïcien afin de l'appliquer jour après jour avec la chance et la probabilité d'un véritable résultat. À défaut, on pratique une philosophie gouvernée par la thanatophilie, autrement dit un culte des morts, un respect des monuments funéraires aux antipodes de l'art de vivre proposé par tous les philosophes avant l'avènement du christianisme officiel.

SUJETS OU TRAITEMENTS PHILOSOPHIQUES ?

Pour élargir la philosophie, cessons d'abord de croire à l'existence de sujets spécifiquement philosophiques – la liste des notions officielles fournit la base incontournable : conscience, vérité, raison, liberté, droit, etc. – car il n'existe que des *traitements* philosophiques de toutes les questions possibles. Traiter médiocrement un sujet adoubé thème de prédilection philosophique – Dieu, le temps, la matière, etc. – présente moins d'intérêt que traiter philosophiquement un problème absent de l'historiographie officielle : par exemple, la gastronomie…

Ainsi : pourquoi n'y a-t-il de beaux-arts qu'avec les sens nobles – la vue, l'ouïe – et jamais avec les sens ignobles – le goût, l'odorat ou le toucher ? Une réflexion esthétique est possible sur la peinture – la *Critique de la faculté de juger* de Kant témoigne – ou la musique – la *Théorie esthétique* d'Adorno le prouve – mais elle ne pourrait pas s'appliquer aux parfums, à l'œnologie ou à la gastronomie ? Pourquoi ? Sinon parce qu'il existe une hiérarchie des cinq sens qui mérite un examen réellement philosophique, une critique sensualiste et empirique radicale, voire une déconstruction idéologique. Pourquoi sens nobles et sens ignobles, sinon pour distinguer ceux qui éloignent de la matière du réel, évitent son contact et ceux qui contraignent à la prose du monde ?

L'ordre philosophique ne permet pas une telle ouverture. On n'abordera pas, si l'on veut rester sérieux et dans la logique officielle, la question de la gastronomie. Même s'il existe une possibilité de prouver la filiation entre Cabanis, Destutt de Tracy, la pensée des Idéologues au début du XIXe siècle et la conception de Brillat-Savarin, auteur d'une *Physiologie du goût*... Laquelle n'est jamais abordée philosophiquement parce que, d'une part, son auteur est présenté comme un amphitryon mondain, un vague chroniqueur gastronomique – mais sûrement pas un philosophe, encore moins un auteur de la liste officielle du programme, au contraire de ses contemporains Auguste Comte ou Cournot... – et, d'autre part, parce que le sujet ne relève pas des topiques philosophiques habituelles.

L'élargissement de la philosophie ne peut pourtant se faire qu'au prix de cette révolution. Nietzsche lui-même questionne l'alimentation en philosophe. Il avoue, dans *Ecce homo*, tenir en plus haute estime une question diététique qu'un problème de théologie. Que ne l'entend-on, lui qui déplorait, dans le *Gai Savoir*, que ce qui donne goût et saveur à la vie n'ait jamais fait l'objet d'une considération historique ou philosophique digne de ce nom !

En finir avec le public incestueux

L'élargissement de la philosophie passe également par l'abolition du confinement à l'habituel public incestueux auquel s'adressent les philosophes autoproclamés : les apprentis en classe terminale, les étudiants à l'université destinés à devenir majoritairement enseignants, les agrégatifs et doctorants, les anciens élèves de philo, et une partie d'un public étroit qui navigue sans boussole dans les eaux confidentielles des publications philosophiques. Une infime poignée...

Car, que veut dire qu'un des philosophes français les plus grands actuellement, célébré aux États-Unis, lu puis commenté sur toute la planète – Jacques Derrida pour ne pas le nommer... – vende, en France, moins de deux mille exemplaires d'un livre, quand la moindre émission de télé-réalité réunit des téléspectateurs par millions ? Que signifie un tel lectorat pour un livre de philosophie dans un pays qui comporte potentiellement cinquante millions de lecteurs ?

Certes, certains s'automutilent, se tirent une balle intellectuelle dans le pied en considérant que, pour mériter l'étiquette de philosophe, il leur faut violer la syntaxe, maltraiter la langue française, créer des néologismes à foison, cultiver l'obscurité, augmenter le nébuleux, chérir le verbeux et, en même temps, déplorent d'être sans public... Va pour le sectaire qui, par ces artifices, crée de la docilité, soit en obligeant à l'adhésion par la seule possibilité du psittacisme – on répète comme un perroquet une trentaine de mots du registre et l'on passe pour l'un d'entre eux, mais on est un esclave... –, soit en excluant les fortes têtes qui ne veulent pas payer leur qualité de philosophe en jouant la comédie d'un jeu verbal avec une poignée de ces notions qui décident de l'illusion.

Kantiens – c'est avec Kant et en son nom que commence cette manie –, hégéliens, freudiens, heideggeriens, phénoménologues, lacaniens, lévinassiens, deleuziens, derridiens et autres clones sont évidemment concernés. Toute ressemblance avec des personnes existant ou ayant existé n'est surtout pas fortuite... Théâtre indigne d'une scène vraiment philosophique ! Et combien de philosophes ou prétendus tels disent encore quelque chose de personnel une fois maîtrisée la technique du coupé-collé et de l'emprunt des concepts ronflants qui cachent l'absence de pensée propre ! Je n'aurais pas la cruauté de donner des noms...

L'illusion fonctionne dans cette société close, incestueuse, dans laquelle chacun cite, pille, commente ou passe sous silence son larcin pour mieux laisser croire à l'originalité de sa pensée (ah ! le philosophe qui se croit singulier, affirme penser par lui-même, ne cite jamais personne, certes – surtout pas ceux qu'il démarque –, mais rapporte et acclimate régulièrement des États-Unis les derniers débats en vogue sur les campus américains où il enseigne !). En dehors de cette famille d'Atrides – une poignée de moins de mille personnes, un petit village de province... –, la philosophie a perdu son public : celui des philosophes antiques qui s'adressaient aux charpentiers, marchands de poisson, potiers et autres gens du commun à l'ouvrage.

Lorsque les philosophes s'adressent aux philosophes – vieille tradition scolastique qui perdure –, ils produisent des débats techniques, oiseux, des exercices de rhétorique compréhensibles par la seule caste des initiés. De la joute verbale, de la surenchère technique, des coups de pied de l'âne, dans les notes, en bas de page, ou dans les silences organisés et orchestrés de bibliographies où l'on cite et référence les livres sans importance, mais où l'on oublie, négligemment, les ouvrages pillés page après page...

Or Socrate ne s'adresse pas aux philosophes de profession, il ne parle pas à la caste, il défend l'exogamie et récuse l'endogamie chère à notre époque. Socrate et tous les autres penseurs de l'Antiquité, Diogène ou Aristippe, ne font pas de prosélytisme pour fabriquer des professeurs, organisés en cénacles pour prendre du pouvoir, occuper des postes, être plus ou moins fort dans un échiquier où stratégie et tactique importent pour trouver un poste, dégager des prébendes et fabriquer des zones mafieuses pour les amis fidèles...

Dans ses *Essais,* Montaigne désespérait déjà que la philosophie soit devenue l'art d'« entregloser », de commenter du texte, dans la meilleure hypothèse, mais aussi et surtout, et bien souvent, de commenter du commentaire. Au point que Bertrand Russel – je crois... – a écrit un jour que l'histoire de la philosophie se résume aux notes ajoutées en bas de page à l'œuvre de Platon. Je crains, malheureusement, de devoir lui donner raison !

Ce théâtre où chaque secte joue son petit rôle a transformé la philosophie en enjeu local : les tenants d'une école se battent contre une autre, loin du monde réel, faisant assaut de références, citations, livres lus, positions stratégiquement occupées dans l'institution. Quel président pour le jury d'agrégation ? Un thomiste... Quel directeur des programmes ? Un kantien... Quel professeur nommé au Collège de France ? Un positiviste... Quel président pour la Société des agrégés ? Un autre kantien, ami du premier... Quel directeur de collection chez tel éditeur qui truste la philosophie ? Un phénoménologue... Pendant ce temps, la philosophie meurt, se meurt, est morte. Reste un cadavre que se disputent ces fossoyeurs de la discipline...

Contre la pratique incestueuse de la philosophie, voici des remèdes : réaliser le mélange ; à rebours de l'endogamie : pratiquer l'exogamie ; afin d'en finir avec la société close : produire une société ouverte ; pour abolir le règne de l'*entreglose* des textes : viser la glose du monde ; pour aller au-delà du professeur spécialiste, anatomiste du corps froid de l'histoire de la philosophie : établir le pouvoir des philosophes, des amateurs du corps chaud de la vie, renouer avec la pratique de la philosophie antique et restituer la philosophie à ceux à qui elle appartient – quiconque s'en empare pourvu qu'il n'en fasse pas un usage contradictoire avec les promesses annoncées : la construction d'une subjectivité souveraine.

À qui, donc, le philosophe doit-il s'adresser ? Au *peuple*. Quel peuple ? On le décrète introuvable, inexistant. L'utilisation même de ce terme déclenche tout de suite les épithètes infamantes : démagogique, populiste – comme si démocratie et populaire étaient devenus des grossièretés et des sujets tabous. Que dit une philosophie *démagogique et populiste* ? Ce que le peuple veut entendre pour se donner l'impression d'être philosophe à peu de frais ; elle le flatte, lui dit qu'il suffit de vouloir non pas pour pouvoir, mais pour être ; que la philosophie peut être exercée par tous – comme la poésie, selon Lautréamont – si l'on n'est pas regardant sur le contenu et les effets produits ; enfin, qu'il s'agit moins de hisser le public à la philosophie que de descendre la discipline jusqu'aux étroites possibilités du plus grand nombre : c'est le règne de l'avachissement de la philosophie qui, du café philo à l'écriture de livres qui la marchandisent, occulte une partie du terrain philosophique, mais surtout laisse croire assimilables cette discipline sublime et ce brouet infâme…

Qu'enseigne une philosophie *populaire et démocratique* ? L'inverse, très exactement l'inverse. Là où l'une avachit, l'autre exhausse : elle hisse, elle conduit les auteurs d'une demande philosophique à une offre dont on facilite l'accès, certes, mais dont on n'amoindrit pas le contenu pour abuser des impétrants peu regardants, *a priori*, sur ce qu'on leur propose quand on leur fait miroiter de devenir philosophe en une séance de café philo, ou après la lecture d'un opuscule indigent formaté par les commerciaux de l'édition, secteur « idées »…

Exhausser

Cartographier des territoires

Le nihilisme de notre époque appelle du sens. On le sait, l'absence – et tant mieux d'une certaine manière – d'un discours dominant qui aurait remplacé les fonctions jadis occupées par le judéo-christianisme ou le marxisme, laisse les femmes et les hommes en souffrance de signification convaincante sur les questions éthiques, existentielles et politiques. La philosophie ne faisant pas, ou mal, son travail, se perdant entre l'ésotérique débat stérile de l'Université et le n'importe quoi conceptuel du café philosophique, en passant par le compagnonnage de route du pouvoir libéral, la religion prend son essor d'une manière inconcevable. La religion et avec elle l'irrationnel, le recours aux pensées magiques de toutes sortes.

La demande philosophique ne concerne bien souvent ni l'ontologie, ni l'épistémologie, ni la métaphysique, ni même l'esthétique, domaines réservés aux spécialistes. Certes, on peut s'intéresser aux problèmes de l'être, de la science, des idées pures, de la beauté, mais seulement après avoir déjà résolu un certain nombre d'interrogations concernant plutôt ce que l'on peut et doit penser, ou espérer – pour le formuler dans l'esprit de Kant. Le désir de philosophie vise la résolution de problèmes précis : le rapport de soi à soi, de soi aux autres et de soi au monde. Autrement dit : souci de sa construction, besoin d'éthique, et besoin de trouver sa place dans le réel, voire dans le cosmos.

D'où la nécessité de concentrer l'activité philosophique sur une cartographie de ces paysages propres : comment travailler à la conscience et à la connaissance de soi ? de quelle manière parvenir à des certitudes sur soi ? quelles identités possibles ? quel moi envisageable ? qui peut dire je, et quand ? Mais aussi : comment considérer autrui ? qui est-il ? quelle place lui donner dans une relation avec moi ? quelle eumétrie, quelle métriopathie ? Quelle morale ? Où sont bien et mal dans l'intersubjectivité ? Enfin, quelle relation avec la nature, la ville, la cité, le politique ? Avec le temps du monde ? Etc. De l'existentiel à l'état pur.

La demande porte donc sur ces territoires de prédilection. Pas de philosophie technique destinée aux professionnels des questions d'école, mais de la pensée pratique susceptible d'être incarnée, mise en scène et en acte. Descartes ne permet pas de mener une vie cartésienne. Comment peut-on être aristotélicien au jour le jour ? Ou encore : à quoi ressemblerait une vie hégélienne ? En revanche, on peut lire, méditer et activer des techniques épicuriennes, stoïciennes, cyniques, cyrénaïques. Même remarque avec des invites existentielles prélevées chez Érasme, Montaigne, Spinoza, Schopenhauer ou Nietzsche, par exemple.

Première tâche, donc : cartographier ces territoires. Enseigner à pratiquer des relevés, à repérer les passages, à noter les impasses. Ici on souligne l'embûche, l'impossible flux, là on découvre une ligne de passage. Forêts, marécages, voies naturelles, rivières, lacs, plaines, montagnes... La philosophie s'enseigne comme on dresse une carte. Ensuite, on donne une boussole, et l'on invite tout un chacun à tracer sa route, à inventer son propre chemin. Le philosophe ne prend pas par la main, il fournit les moyens d'une marche solitaire : on n'effectue pas le trajet d'un autre, on ne peut philosopher pour lui, pas plus qu'on ne vit, souffre ou meurt à la place de l'autre.

QUI A DROIT À LA PHILOSOPHIE ?

La philosophie appartient à ceux qui s'en emparent. Pas besoin de diplômes, de niveaux, d'origines sociales, de compétences particulières, ni d'autorisation pour entrer dans le sanctuaire : le désir de philosopher suffit pour justifier un abord du continent. Pourvu que ce désir ne soit pas une fin en soi, ne vaille pas comme le but ultime et la justification de la démarche… Lire un philosophe, en partie ou même totalement, assister à l'un de ses cours ou conférences, jongler avec quelques concepts peuvent suffire pour faire illusion, mais pas pour produire réellement et véritablement des effets philosophiques.

Que faut-il alors ajouter à ce désir ? Un projet. Et lequel ? Celui de se construire, de se fabriquer. Ambition socratique : se connaître soi-même avant toute chose. L'antique aspiration demeure d'actualité. Partir de soi, bloc de marbre informe, matière inerte tant qu'un vouloir ne l'informe pas, puis, partiellement, modestement, tranquillement, avec patience, sans précipitation, s'acheminer vers de plus en plus de perfection. Devenir quelque chose, puis quelqu'un, enfin soi-même. Le désir tient, vaut, compte et pèse s'il est suivi du plaisir de se faire petit à petit, d'échafauder un projet et de fabriquer, autant que faire se peut, une identité qui tienne debout. Démocratie, donc, à l'origine de la démarche : la philosophie n'appartient pas à une caste, à un syndicat qui monopolise l'activité, mais à celle ou à celui qui veut s'affranchir de la brutalité d'un être-là consubstantiel à la matière du monde.

Ce désir et ce projet appellent un destin. Devenir philosophe, c'est tourner le dos à la dimension fonctionnaire de la discipline pratiquée par le professeur pour embrasser une vocation. Dès lors, la *vie quoti-*

dienne devient une tension vers de plus en plus de *vie philosophique*. Pas de répit, pas de moments faibles ou d'instants forts. Des secousses dans la progression, certes, mais un avenir tracé : dans le détail, vingt-quatre heures sur vingt-quatre, dans l'anecdote, la philosophie s'immisce. Elle est partout. Pas de philosophie sans destin philosophique, donc sans biographie philosophique.

On imagine mal Épicure épicurien entre neuf heures et midi, reprenant après le déjeuner, puis s'arrêtant passé dix-huit heures... Pour faire quoi avant ? entre deux ? après ? Pas plus on ne le voit prenant des week-ends, des vacances, puis une retraite : pour occuper comment ce temps libre ? Épicure incarnant sa doctrine pendant les heures de bureau et vivant le contraire, autre chose, une fois sorti de ses obligations au Jardin ? Non, c'est tout le temps, dans le général et dans le particulier, dans l'absolu des grandes idées et des doctrines, mais également dans le relatif anecdotique – façon de vivre, d'être, de manger, de dormir, de s'habiller, façon aussi d'être philosophe quand il semble ne pas faire de philosophie. Sacerdoce, donc...

À l'évidence, Heidegger peut préparer ses cours, envisager un séminaire, lire pour son travail universitaire, écrire des livres de philosophie, prendre des notes pour ses conférences, cheminer dans les bois, méditer dans sa cabane de forêt, puis, après avoir savamment disserté sur l'oubli de l'être, fustigé le nihilisme européen, râlé contre le devenir moderne de l'Europe et les pleins pouvoirs de la technique, s'acquitter – en philosophe mutilé... – de sa cotisation au Parti national-socialiste de 1933 à 1944 – après 1944 ça n'est plus possible...

Deux façons de penser la philosophie et de la vivre. La première : la vie philosophique, le travail existentiel, la sculpture et la construction de soi comme une œuvre de philosophe, la théorie entendue comme une occasion de pratique et, vice versa, l'expérience utilisée tel un laboratoire pour générer de la pensée, l'interaction permanente entre les idées et la vie. La grande tradition *existentielle* de la sagesse antique.

Ou, la seconde, la façon dissociée du professeur : le platonicien repu de plaisirs grossiers, le chrétien allant au bordel, le kantien devenu ministre de droite d'un gouvernement pas très humaniste, le métaphysicien déplorant l'oubli de l'être à l'ombre des cheminées du crématoire nazi, le marxiste jouissant des passe-droits de la nomenklatura, le philosophe catholique, apostolique et romain intriguant pour jouir du pouvoir temporel d'une présidence au jury d'agrégation et autres joyeusetés de la profession... La grande tradition *schizophrène* du professeur qui enseigne pendant les horaires de cours autre chose, voire le contraire, de sa pratique une fois son prêche fini !

On comprend, dès lors, comment la tradition existentielle peut être dite populaire et de quelle manière, intéressée, la tradition professorale croit à une impossibilité radicale de rendre la philosophie accessible. Épicure a, dans son école, des hommes et des femmes, des étrangers et des citoyens, des gens de condition libre et des métèques, des jeunes et des vieux, des lettrés et des gens modestes – le Peuple. Dans le Jardin, on ignore les classes sociales car seul compte le désir de pratiquer la philosophie pour conquérir son individualité, sa souveraineté, sa liberté.

Heidegger reçoit dans son séminaire des étudiants, diplômés, cultivés, brillants, mais aucunement philosophes pour leur propre compte : de futurs professeurs, de probables techniciens de la discipline, d'inévitables fonctionnaires de la matière – Hans-Georg Gadamer, Hannah Arendt, Karl Jaspers, Hans Jonas, Max Horkheimer font partie du public –, des philosophes pour philosophes...

À l'évidence, la philosophie des professeurs n'a pas intérêt à se proposer d'être populaire. D'abord parce qu'à se défaire du halo d'obscurité qui lui donne une impression de profondeur que seuls atteignent les initiés, les compétents, les philosophes donc, ils se retrouveraient tout bonnement nus. Ensuite parce que la supercherie se découvrirait immédiatement : sous le verbe enchanteur de l'enseignant, il y a bien souvent poudre aux yeux, effets de magie pour les demeurés…

En revanche, le tenant de la philosophie existentielle n'a rien à perdre : son excellence n'est pas confinée dans le discours et le verbe, la rhétorique n'est pas sa fin en soi. Pour lui, le langage est seulement un moyen pour parvenir à autre chose de plus élevé, de plus important et d'essentiel : l'effet produit sur une vie quotidienne. Nulle logorrhée chez le philosophe antique parce que son excellence ne culmine pas dans les effets de langage. Le verbe ne marque pas la fin et les limites de son travail, mais le début. Les mots ne sont pas une religion, mais un moyen pour communiquer, l'occasion de la conversion. Quand on a compris le mécanisme, il n'y a plus aucune raison de tomber dans l'imposture.

Obscurcir ou simplifier la forme

La philosophie se popularise dans la forme, pas dans le fond. Elle peut se mettre à disposition du plus grand nombre par la seule médiation du passeur qui doit travailler sur le langage, l'exposé, la forme, le mode de présentation. Aucune idée n'est à ce point complexe qu'elle ne puisse se raconter avec les mots du quotidien – voir Bergson… Certes, les pensées les plus élaborées nécessitent parfois des mots complexes, des expressions appropriées, du vocabulaire technique et spécifique. Mais une fois associé un signifiant inconnu à son signifié explicité, la difficulté s'estompe immédiatement.

Pour celui qui a le désir d'apprendre, de savoir et de saisir ce qu'il y a à comprendre, aucun mot ne résiste même parmi les plus revêches : qui, une fois l'explication donnée, peut persister à ne rien comprendre aux termes *ataraxie, intelligible, transcendantal, monade, noumène, rhizome, substance, hypostase,* et autres outils de la profession ? Quand on a réduit l'usage de ces termes au seul moment où on ne peut les éviter, si l'on a pris soin de donner l'explication de leur sens, on a déjà entamé beaucoup la magie du discours philosophique.

La preuve qu'on peut aller loin dans la mise à disposition du public des thèses complexes d'un philosophe ? La transfiguration en poème de la doctrine d'Épicure par Lucrèce : *De la nature des choses*, expose en plusieurs milliers de vers les doctrines de son maître sur la physique, la cosmogonie, la météorologie, l'éthique, la géographie, l'histoire, la linguistique, et tous les domaines possibles et imaginables qui constituent un système. Imagine-t-on Sartre, vingt siècles plus tard, procédant de même avec la phénoménologie allemande, puis écrivant *L'Être et le Néant* en alexandrins ? Non. Et pourquoi, sinon à cause du parti pris d'écrire de la philosophie pour philosophes de profession, et aucunement pour ceux qu'intéressaient une pratique existentielle.

Il manque aujourd'hui des *Exercices de style* à la Raymond Queneau : à partir d'un sujet à traiter, on l'aborderait avec les tics de langage et les manies de la corporation philosophique… Soit la question suivante : démontrer que toute servitude est volontaire. Rédiger. Ramasser les copies. Corriger. S'amuser en découvrant la formulation platonicienne avec des idées partout, cartésienne avec des idées claires et distinctes en paquets, kantienne avec de l'analytique transcendantale en barre, hégélienne avec de l'absolu à chaque détour de phrase, pendant que Schopenhauer convoque la négation du vouloir-vivre, que Nietzsche rameute la transmutation de valeurs, que Marx tartine de la lutte des classes à longueur de pages, Lacan parlant de jouissance du maître. Et La Boétie, etc.

Traduire le langage philosophique permet de montrer qu'il est bien souvent un rideau de fumée pour cacher les plus simples idées. Dès la découverte de ces supercheries, on peut enfin sélectionner les penseurs consistants, riches, pleins de promesses existentielles en même temps que se révèlent les faussaires, les trompeurs, les fourbes, les menteurs, les illusionnistes, les magiciens. Une fois popularisés les discours techniques, dès que les paillettes verbeuses ne font plus illusion, reste la quintessence. À ce jeu, beaucoup méritent le grand rire nietzschéen !

Innover

Généalogie du philosophe

On naît tous philosophe, on ne le devient pas. Seuls quelques-uns le demeurent et, si leur nature est préservée, entretenue, sollicitée, s'ils s'engagent dans les études qui permettent de composer avec ce naturel, ils peuvent devenir des philosophes au sens habituel du terme. Car, malgré les divergences qui séparent les acteurs de cette discipline, d'un extrême à l'autre, du plus nébuleux au plus limpide, du plus immanent au plus transcendant, du spécialiste des généralités au théoricien hyper spécialisé, tous partagent un naturel philosophique de base commun au genre humain.

Quel est ce naturel ? Une propension à questionner, interroger, à demander pourquoi, comment, de quelle manière. Sans qu'on les y invite, indépendamment de tout dressage social – et même bien souvent malgré lui, contre lui… –, les enfants ne prennent rien pour argent comptant s'ils ne comprennent l'enchaînement et la causalité. Dans le fond d'une question du genre : « Pourquoi la nuit fait-il noir ? », outre que l'on réactive les préoccupations des présocratiques, du Platon du *Timée*, de l'Aristote des *Météorologiques*, de Lucrèce, et de tant d'autres philosophes, on trouve une ébauche de quête de causalité : ce qui est ne peut advenir sans cause qui le fasse advenir, quelle est cette cause ?

Dans un atelier de philosophie – celui de l'Université populaire de Caen, par exemple –, nombre de questions venues de la bouche des enfants font singulièrement penser aux interrogations de très grands philosophes, des classiques même. Exemple : « Pourquoi rêve-t-on ? » De *La Clé de songes* d'Artémidore à *La Science des rêves* de Freud en passant par les *Méditations* de Descartes sur ce qui distingue rêve et veille, voire les derniers livres de Clément Rosset, la question traverse l'interrogation ancestrale sur la réalité de la réalité ou sur la consistance des mondes révélés par le songe.

Autre question : « Est-ce que, en ne voyant pas, on peut voir quand même ? » Que se demande d'autre Diderot dans sa *Lettre sur les aveugles* ? Que raconte Condillac quand il affirme dans le *Traité des sensations* que les sens contribuent généalogiquement à la formation de la connaissance et du jugement ? Ou encore : « Est-ce bien de toujours dire la vérité ? »

Voir Emmanuel Kant débattant contre Benjamin Constant dans *Sur un prétendu droit de mentir par humanité*. Et puis : « Que pensent les animaux ? » Reprendre Jeremy Bentham, mal connu, trop méconnu, et son *Introduction aux principes de morale et de législation* qui interroge l'humain à partir de son presque semblable : l'animal.

On pourrait mettre en face de chacune des questions posées par les enfants au cours d'un atelier des textes écrits par les plus grands philosophes. Ainsi, encore : Dieu, la hiérarchie des cinq sens, les jeux de vérité, l'oubli de la mort, le rapport du rire et de la chute du stress, autant d'occasions d'évoluer sur des territoires déjà fréquentés par Feuerbach, Aristote, Wittgenstein, Pascal, Freud, etc. On aura du mal à faire de ces questions enfantines des interrogations banales, sans intérêt philosophique, métaphysique ou ontologique.

Assassinat des enfants

Les enfants questionnent donc en philosophes naturellement, et très tôt – dès l'acquisition du langage. Pourquoi perdent-ils ensuite cette propension sublime ? Parce que la famille et l'école, doublement complices dans cet assassinat, font le nécessaire pour empêcher, décevoir, interdire cette démarche questionnante, et la remplacer soit par un pur et simple renoncement apathique, soit par le gavage avec des réponses aux questions qu'ils ne se posent pas. Pourquoi penser à son compte quand on peut obéir pour celui d'autrui ?

La famille ne sait ni ne peut toujours répondre aux questions fusantes des enfants : moyens intellectuels limités, rapport problématique au langage, à l'expression et à la formulation, ignorance du souci spirituel ou culturel, incapacité à chercher les réponses qui manquent dans un livre ou ailleurs, voilà les raisons les plus recevables. Mais il y a également un souci de préserver leur tranquillité d'adulte au profit de leurs activités superficielles – la télévision, la sieste sur le canapé, le bricolage, le jardin, le barbecue, etc. –, chaque question perturbant leur avachissement physique et intellectuel.

À force de constater que leurs demandes restent sans réponse, et même énervent, fatiguent les parents, la flamme des enfants s'éteint d'elle-même. Plus rien ne pose problème, l'étonnement disparaît, et l'on accepte le monde comme il est, telle une évidence. Ce qui suscitait une curiosité cesse d'inquiéter l'intelligence, dès lors elle se ramollit, se rétrécit, puis disparaît. « On rêve parce qu'on rêve, voilà tout » ; « si on ne voit pas, on ne voit pas, évidemment, ça tombe sous le sens » ; « il faut toujours dire la vérité, même quand on doit mentir » ; « les animaux ne pensent pas, quelle idée, mange ta viande », etc. Le philosophe meurt, avènement de l'adulte – que caractérise une aptitude remarquable à ne pas penser pour mieux obéir au mouvement du monde.

À cette défaite parentale ajoutons le rôle de l'école désireuse de bien autre chose que de rendre les enfants curieux ou intelligents. Car elle entend non pas transmettre des contenus, comme elle le dit pour se donner bonne conscience, mais socialiser des individus, les produire comme des rouages destinés à la machine sociale, sa fonction véritable. Elle prétend transmettre des savoirs ; en fait elle apprend à obéir, à se comporter en groupe, à se soumettre aux règles, à lutter pour l'adaptation dans le but d'occuper la place du dominant. Entretenir le naturel philosophique des enfants ? Pour quoi faire ?

La tête bien faite n'est pas, malgré ce qu'en disent les manuels de pédagogie et les professionnels qui vont avec, l'idéal que se proposent les prétendues « sciences (!) de l'éducation ». En revanche, une tête bien pleine, oui, voilà quelque chose d'intéressant. Donc pas d'intelligence, mais de la mémoire, pas de *culture socratique de la question*, mais une *habitude scolaire de la réponse.* Pour s'en rendre compte, il suffit de constater combien les examens exigent un cerveau en éponge, immédiatement vidé de son contenu le diplôme obtenu. Sinon, pourquoi autant d'élèves ayant pratiqué pendant tant d'années l'anglais en première langue sont-ils incapables de demander leur chemin à Londres ? Moi le premier…

On ne sait pourquoi, cependant, d'aucuns traversent sans encombre le filtre familial et celui de l'école obligatoire. Toujours est-il qu'une fois ces deux handicaps franchis, il faut également bénéficier d'une chance : rencontrer un être qui propose la discipline et fait savoir qu'existe une activité nommant ce goût forcené de la question, ce désir de savoir et de comprendre, cette envie de ne pas renoncer à saisir les mécanismes du monde : la philosophie. Le professeur de philosophie joue ce rôle. Enfin, il peut le jouer... Parfois, il est le passeur innocent d'une activité plus grande que lui, qui le déborde et saisit l'élève qui en comprend intimement, viscéralement les enjeux. D'autres fois son charisme personnel produit les meilleurs effets.

S'ils s'engagent dans des études qui permettent de fréquenter le monde de l'histoire des idées, s'ils découvrent l'ironie socratique, l'insolence cynique, l'hédonisme cyrénaïque, s'ils jubilent de la clarté cartésienne, de la puissance spinoziste, de la mécanique kantienne, du romantisme nietzschéen, s'ils succombent au prométhéisme marxiste, à la lucidité freudienne, à l'engagement sartrien, s'ils aiment ces gens, ce peuple, ce monde, s'ils y trouvent leur compte, parlent d'égal à égal, conversent en complices porteurs des réponses aux questions enfantines conservées intactes : alors, ils se découvrent philosophes.

Parfois, ces natures épargnées succombent pourtant sous le feu universitaire. Ce que n'avaient pas réussi les parents, l'école, les universitaires y parviennent : les dégoûter, les éloigner, pire, leur faire perdre la fraîcheur native. Devenus des fonctionnaires de la philosophie, transformés en gestionnaires prudents du capital de ce monde de poètes et de fous, ils traversent des océans furieux pour devenir de petits passeurs modestes, tranquilles, à peine concernés personnellement. Ils emboîtent le pas de l'inspecteur qui pense la philosophie telle une matière parmi d'autres...

Contre cette éducation autoritaire, castratrice, qui gaspille le potentiel philosophique, pratiquons une pédagogie libertaire qui entretient cette puissance magnifique. D'où un entretien – comme pour un jardin zen, jour après jour, dans le moindre détail – de ce germe contemporain de la conscience de sa présence au monde. Le pédagogue libertaire travaille à son effacement personnel et cultive la puissance interrogative de toute subjectivité enfantine.

Exercer, donc, ces forces, pratiquer sur le mode sportif cette intelligence primitive, vouloir la permanence et la durée de ce jeu d'allers et retours entre la conscience, le moi, le je, le monde et ses surgissements. La phénoménologie est, dans sa méthode, non dans son langage, d'essence naturelle. Très tôt elle montre qu'un tempérament se construit et se constitue par ce détail, cet œil, ce regard, cette sensualité qui questionne sans cesse : qui ? quand ? pourquoi ?

où ? comment ? de quelle manière ? pour quelles raisons ? De quoi faire, plus tard, de l'ontologie, de la métaphysique, de l'épistémologie, de l'esthétique...

Quelle méthode ?

Pour mettre en scène cette pédagogie libertaire, une révolution semble nécessaire : non pas descendre l'enseignement de la philosophie en classe de première – pitoyable remède ! –, mais la mettre à disposition des enfants dès leur scolarisation. À la manière d'une activité qui côtoierait les mathématiques, l'apprentissage de la langue française, l'éducation physique, sportive, musicale ou sensorielle. Philosopher dès le primaire, au plus jeune âge, au moment précieux où il est nécessaire de conserver, d'entretenir et de choyer ce talent des enfants pour la question. J'entends les philistins, les professionnels de la philosophie qui imaginent leur discipline enseignée uniquement en classe terminale, par des agrégés ou des certifiés formatés par le système ! Ils jurent que la discipline se pratique exclusivement dans la lecture des grands textes du programme, *via* les notions calibrées par l'administration ! Philosopher avec des enfants : impossible !

À l'évidence, si philosopher c'est commenter avec plus ou moins de talent et de pertinence dix lignes de la *Phénoménologie de l'esprit* dans une dissertation en trois temps avec une problématique formidable pour obtenir la bonne note prouvant le bon élève, on ne saurait philosopher avec des enfants en classe primaire… Mais si l'on en juge avec cet hypothétique devoir sur Hegel et, surtout, en regard des notes obtenues, il semble que la méthode classique ne permet pas non plus de dire qu'on philosophe vraiment en classe terminale.

Si l'on commençait par le départ : d'abord éviter de croire possible de partir de rien – le niveau en philosophie à la sortie d'une classe de première – pour parvenir à tout – jongler avec brio sur les notions, auteurs, questions et problématiques haut de gamme étendues sur vingt-cinq siècles… ; ensuite, procéder graduellement, en progressant sur une dizaine d'années, les plus plastiques et les plus riches intellectuellement ; enfin, entretenir et polir des qualités à conserver pour, un jour, plus tard, mais au bon moment, finir par aborder, aguerri, préparé, le fameux passage de Hegel – ou d'un autre…

Qu'on se souvienne que, avant l'heure, et contre l'avis du corps des inspecteurs et de l'administration, Épicure pensait – contre Platon, pas étonnant… – qu'il n'y a pas d'âge pour philosopher : jamais trop tôt, jamais trop tard. Si ça n'est jamais trop tôt, il n'y a pas de seuil minimum… Montaigne, épicurien en cela lui aussi, fabriqué pédagogiquement sur le mode érasmien – plutôt libertaire – par son père, croit également que les enfants disposent de toutes les vertus philosophiques nécessaires et qu'il faut donc cultiver ce potentiel. Épicure, Montaigne, deux philosophes existentiels...

Et puis, dans une période nihiliste où le seul remède impose selon beaucoup de revenir à la morale saturée de moraline, autant travailler dès le plus jeune âge à une éthique, à une exigence de valeurs et de vertus. Non pas la tête bien pleine farcie de sentences issues d'un catéchisme figé, mais la tête bien faite à même de construire une éthique digne de ce nom. Ainsi éviterait-on de fabriquer des sujets, des citoyens, des personnes pour la Société, l'État, la Nation, la République, l'Entreprise, pour construire plutôt, et enfin, des individus droits et debout.

Réaliser

D'UN ÉLITISME POUR TOUS

S'exprimant génialement sur Avignon à son origine, Antoine Vitez parle, on le sait, d'un « élitisme pour tous ». L'oxymore semble pertinent au-delà de l'effet de déstabilisation immédiatement produit : l'« élitisme » suppose un public étroit, une communication ésotérique, une réduction aux seuls meilleurs, au petit nombre d'élus ; « pour tous » exprime exactement l'inverse : pas d'exclusive, une démarche exotérique de diffusion maximale. Comment dès lors proposer un « élitisme pour tous » ?

En proposant le meilleur au plus grand nombre, sans concession. L'offre haut de gamme suppose un contenu qui respecte l'auditeur. Certes, destiner la philosophie à tout le monde est une chose, une autre de savoir qui en tire bénéfice. Mais sans relation. Donner le meilleur au plus grand nombre ne signifie pas que la totalité accède à la qualité, mais qu'elle en a potentiellement le pouvoir si elle s'en donne les moyens. Démocratique dans la formule, le résultat demeure aristocratique, au sens étymologique : réduit à la poignée qui fait le nécessaire pour que le trajet s'accomplisse vraiment. Mais personne ne pourra arguer un manque de chance.

L'application du principe d'Antoine Vitez à l'enseignement de la philosophie passe par l'invention d'une formule nouvelle : ni pour l'Université, ni contre elle ; ni pour le café philosophique, pas plus contre lui. Mais en face, ailleurs, autrement, chacun dans un travail ayant ses raisons d'être, ses qualités, ses limites aussi. De l'Université, retenons l'excellence des contenus, (théoriquement) la qualité du travail de préparation de l'enseignant, la proposition de résultats d'une recherche spécifiquement conduite pour les auditeurs ; du café philosophique, gardons la liberté d'entrer et de sortir, l'absence de sélection et d'inscription, de contrôles et de vérification des connaissances, ou de niveau minimum, la gratuité intégrale – pas même de participation symbolique, surtout pas symbolique d'ailleurs...

De la Faculté : évitons la sclérose d'une réitération de l'histoire de la philosophie sans esprit critique, l'absence de perspective innovante dans le fond, la reproduction du système social avec des contenus politiquement légitimes, l'usage du savoir comme argument d'autorité et de domination de classe. Du café philo : retenons la leçon de ne pas transformer le travail de l'assemblée en psychothérapie de groupe, en improvisations cathartiques, en gesticulations narcissiques ou névrotiques. Si possible...

De l'Université populaire

En face de l'université, ailleurs qu'au café philo, cette formule nouvelle se nomme l'*Université populaire*. C'est à la fois une histoire ancienne et une création récente. Ancienne car la formule historique voit le jour au moment de l'affaire Dreyfus : antisémitisme généralisé, question sociale prégnante, lutte des classes effective au quotidien, présence d'un fort socialisme français, désir d'internationale ouvrière, contexte de germanophobie, montée des périls, crainte de la guerre, patriotismes et nationalismes belliqueux – cette situation génère une France coupée en deux, une violence de rue, une situation sociale délétère.

C'est à l'initiative de Georges Deherme, un ouvrier typographe anarchiste, que l'Université populaire se crée pour donner l'occasion aux intellectuels de rencontrer la classe ouvrière – pour le dire dans les termes de l'époque. « Intellectuel » est un mot récent, contemporain du *J'accuse* d'Émile Zola – il stigmatise le parti de l'intelligence fustigé par Clemenceau... On assigne à ces Universités populaires la tâche d'éclairer les ouvriers, les artisans et autres bonnes volontés désireuses d'apprendre pour devenir sujet d'elles-mêmes et de leur destin, mais aussi, et surtout, dans la perspective des jeux d'élection, d'avoir affaire à des citoyens éclairés capables de discernement.

Dans la tradition des Lumières du siècle de l'*Encyclopédie*, les tenants de cette initiative posent – et ils ont raison... – qu'en augmentant sa culture, son savoir, son intelligence, sa capacité à réfléchir, à bien conduire sa raison, on diminue les probabilités de défendre en politique, comme ailleurs, des idées stupides, des pensées sottes, des idéologies dangereuses. Apprendre, comprendre, saisir, voilà autant de moyens pour ne pas défendre patriotisme, nationalisme, racisme, antisémitisme, xénophobie et autres occasions de troubles.

Un nombre considérable de vedettes d'alors – Gabriel Séailles, Célestin Bouglé, Georges Lavisse, Charles Gide, Victor Basch – mais aussi de pointures qui le sont restées – Anatole France, Alain, Paul Valéry, Charles Péguy, Henri Bergson – donnent des cours gratuits au public populaire. Dès 1905, Élie Faure propose tous les troisièmes mercredis du mois une conférence sur l'art en projetant des photos : c'est la matrice de ce qui deviendra un succès considérable : son *Histoire de l'art*...

Des problèmes d'intendance – gratuité intégrale ou participation modeste –, des questions de méthode – accepter ou non que le parti religieux expose ses théories dans l'enceinte de l'Université populaire –, des interrogations idéologiques – politiser le mouvement ou pas, prendre parti dans la querelle pour la laïcité, la séparation de l'Église et de l'État, etc. –, minent le mouvement de l'intérieur. Exclusions, évictions, le jeu habituel des associations au quotidien. Début de la décadence de cette superbe idée.

Peu de temps avant la première guerre mondiale, rompant avec l'idée d'origine – émanciper des individus par la construction de soi à l'aide d'un savoir gratuitement dispensé –, l'Université populaire, vidée de sa substance, devient une occasion de sociabilité populaire, une sorte de syndicalisme prolétarien où l'on s'occupe de logement social, de prévention hygiéniste, de lutte contre l'alcoolisme, de vacances ouvrières, de sports et de loisirs, d'éducation des enfants. L'Université populaire reste populaire, mais elle cesse d'être universitaire…

L'UP, ENCORE

Histoire ancienne, donc, mais histoire contemporaine aussi. Car les UP continuent bon an mal an à produire une sociabilité populaire autour d'échanges de savoir. Elles existent toujours sous forme de bourses associatives où l'on peut apprendre une langue étrangère, s'initier à la cuisine méditerranéenne, ou bénéficier de cours de soutien scolaire. Mais dans son option plus universitaire, il existe aussi ce laboratoire bas-normand à Caen qui, au terme de quelques années d'existence, permet d'ouvrir à quelques conclusions et à deux ou trois réflexions.

Lorsque j'ai créé, avec quelques amis fidèles, cette autre version de l'UP, je souhaitais reprendre l'idéal des formules contemporaines de l'affaire Dreyfus : le cas du capitaine qui coupe la France en deux, la montée d'antisémitisme des dernières années du XIXe siècle me donnaient l'impression de parentés singulières avec cette fin de XXe siècle, misères sociales, refuges nationaux-populistes, victimisations racistes – antisémitisme et xénophobie antimaghrébine –, mépris du peuple – quiconque s'en soucie devient immédiatement populiste –, désespoirs politiques après le devenir mafieux d'un mitterrandisme ayant ruiné l'espoir à gauche, fin des grands discours marxistes aptes à canaliser et gérer les mécontentements, paupérisations généralisées – financière bien sûre, mais aussi affective, sexuelle, intellectuelle... Puis, matérialisation de ce diagnostic : présence au second tour de la présidentielle d'un candidat judiciairement aux abois, politiquement sans foi ni loi, inexistant moralement, et d'un personnage héritier des traditions ligueuses de droite extrême.

Quid du monde intellectuel devant le spectacle de cette misère ? On célèbre la tradition libérale, on cite à qui mieux mieux *De la démocratie en Amérique*, on célèbre et réhabilite un Raymond Aron qui, malgré tout – disent-ils... –, avait raison contre Sartre, on défend l'Amérique (le Jean-François Revel de toujours, le Philippe Sollers non plus de *Sur le matérialisme*, mais de *Vision à New York*, le Jean Baudrillard d'*Amérique*, le B.-H. L. des premiers jours jusqu'aux plus récents, l'André Glücksmann non de *1968. Stratégie et Révolution en France*, mais celui qui signe *Le Bien et le Mal*, le Pascal Brückner des imprécations récentes, fournissent un florilège extraordinaire de textes au service des États-Unis...), même quand elle ment publiquement, extermine des populations civiles, torture en pays occupé sous prétexte de démocratie et de droits de l'homme.

D'où le repli sur la misère propre : on veut bien disserter sur le retour du fascisme et la montée des périls, citer Valois et Proudhon, fauteurs de troubles, pointer l'idéologie française, mais pas effectuer la généalogie de ce recours à l'extrême droite – comme le fit, par exemple, *La Misère du monde* de Bourdieu et des siens. Cette misère sale, les soucis et les malheurs des gens du peuple, les humiliations des petits, des sans-grade – d'improbables lecteurs ou acheteurs de livres... –, cette misère, donc, n'est pas de leur monde. Même si elle cause l'absentéisme politique, l'expression électorale archipélique et la vitalité néofasciste.

Sur la Bosnie ? Autant de pages qu'on veut... Sur les Talibans, l'Afghanistan, Ben Laden ? Des interventions tous azimuts... Sur la Tchétchénie ? D'autres livres encore. Sur le Rwanda ? Même chose. Sur Manhattan, le 11 septembre ? Une bibliothèque, des flots de salive, des tonnes de papiers dans la presse et une kyrielle d'interventions médiatiques. Sur le terrorisme islamique ? Des rayons de librairie. Misères propres, nobles : elles permettent d'endosser à peu de frais les habits empesés de l'antifascisme d'avant-guerre.

La misère sale ? S'en occuper vaut condamnation absolue : démagogie et populisme. Où est la Simone Weil d'aujourd'hui qui écrirait *La Condition ouvrière* ? Quel Jean-Paul Sartre contemporain pour publier l'équivalent de ses réflexions sur la misère prolétarienne à Bruay-en-Artois ? Où se cache l'équivalent d'un Albert Camus qui dénonçait la souffrance des travailleurs maghrébins sans couverture sociale ? Quiconque écrirait sur des sujets équivalents à l'heure actuelle deviendrait, sous la plume libérale des amateurs de misère propre, un individu qui, *volens nolens*, ferait le jeu du souverainisme, donc du nationalisme, donc de l'extrême droite. Quand Pierre Bourdieu le fit, ce fut un torrent d'insultes, un déluge de haine.

Facile, dès lors, de détester l'électorat du Front national quand on n'a rien mis en œuvre pour qu'il n'en arrive pas là. Voire quand on a tout fait pour qu'il n'ait plus grand-chose à faire d'autre que cela : se jeter dans les bras, pour le coup les mots conviennent, d'un démagogue et d'un populiste ! Facile de laisser le plus grand nombre de ses concitoyens faire les frais de la violence du libéralisme – quand soi-même on jouit des avantages du marché... –, en lui demandant d'honorer la République, la Démocratie, les Droits de l'Homme, ces idoles majuscules au nom desquelles on lui demande de la patience, de l'abnégation, du civisme – travailler plus, plus longtemps, dans d'exécrables conditions, et pour gagner moins. De la misère sale naissent les politiques malpropres : ne pas les empêcher, même modestement, c'est y contribuer.

L'INTELLECTUEL COLLECTIF

Dans *Contre-feux*, Pierre Bourdieu appelait à l'avènement d'intellectuels collectifs. L'Université populaire en propose une possible illustration. Il s'agit de faire se rencontrer des individus qui s'enrichissent mutuellement de leurs différences et de leurs divergences, mais qui, aussi, se complètent du point de vue des contenus. L'individualisme – la croyance à cette idée que seuls existent des individus et les relations qu'ils entretiennent – n'est pas l'égoïsme. Tout contrat passé entre monades fabrique des réseaux actifs pour penser autrement, différemment. Pas mieux que seul, mais d'une façon inédite. L'Université classique fonctionne avec un cours magistral et n'engendre pas de symétrie, de dialogue, d'interaction avec les étudiants. Pas question de libérer un espace dans lequel on critique, examine ensemble le contenu du cours.

À l'Université populaire de Caen, chaque séance est construite en deux heures : la première est l'occasion d'un exposé magistral sur un sujet – féminisme, politique, art contemporain, cinéma, hédonisme, suivant les séminaires en jeu. On y présente des thèses, une lecture, des idées, on les commente, les explique, les critique de son point de vue, on écrit une historiographie alternative au savoir officiel, on avance la lecture inédite d'informations classiques. La seconde se construit à partir de la parole du public, avec l'échange et à partir de demandes de précisions destinées à l'animateur du séminaire, mais aussi à celles que les auditeurs veulent apporter aux autres ou à celui qui, dans le public, vient de proposer son hypothèse.

Théoriquement, les questions procèdent du contenu du cours, elles en découlent directement. Parfois, indirectement, un problème existentiel surgit avec l'exposé thématique. Ainsi, après une séance consacrée à examiner la nature de l'épicurisme chrétien de Montaigne, à réfuter la thèse fidéiste, puis à la distinguer du déisme et du théisme, une question est venue sur la généalogie de toute croyance – occasion d'une réflexion en commun sur les thèses feuerbachiennes de *L'Essence de la religion.* En relation, mais pas en relation, tout en étant en relation : le support de l'histoire des idées fournit le prétexte à un questionnement existentiel – avec lequel les auditeurs trouvent leur compte.

Cette dialectique entre les deux temps du cours, entre les séances, voire entre les années, permet l'élaboration d'un travail en commun, chacun selon ses moyens, à son propre rythme et en fonction de ses investissements : les uns se contentent de venir, d'assister aux cours, les autres se lancent dans la lecture fine, précise et attentive des auteurs dont on annonce en début d'année l'examen de l'œuvre, d'aucuns échangent avec des amis qui les accompagnent au cours – des trajets assez longs pour une dizaine qui, chaque semaine, vient en co-voiturage de Paris jusqu'à Caen : quatre cents kilomètres, cinq heures de route...

Le collectif suppose l'existence et la circulation d'une dynamique : entre l'intervenant et son public, entre les membres eux-mêmes de l'assemblée, soit sur le mode de l'interpellation, soit sur celui, silencieux, de la prise en considération de la parole pour son propre bénéfice. La collectivité se propose un modèle épicurien : le contrat entre individus librement consentants, la liberté d'aller et de venir, l'examen des thèses à la lumière des confrontations ouvertes, la considération du savoir théorique comme occasion d'effets pratiques.

RETOUR À L'INDIVIDU

La fin des solutions collectives et communautaires laisse peu d'espoir, sauf à l'individu et aux microsociétés électives. Personne ne croit plus à la société révolutionnaire réalisable à partir d'une avant-garde éclairée, en l'occurrence le prolétariat. Ce modèle a fait long feu. Et tant mieux. On sait trop la nature définitive des périodes d'autorité transitoires ! La perspective de l'Université populaire n'est pas révolutionnaire au sens marxiste du terme, mais libertaire : elle crée des occasions de liberté et de libération personnelle. Car seule la construction d'un individu radieux, souverain, solaire et libertaire est réellement révolutionnaire.

Devant la fin de la croyance à la révolution, Gilles Deleuze annonçait la seule issue possible : le *devenir révolutionnaire des individus*. D'où le démontage des servitudes volontaires, la mise à jour de ce qui définit une vie mutilée, la proposition de solutions libertaires, des cartographies pour s'orienter dans la pensée, des techniques de construction de soi, des méthodes de connaissance du moi, l'ensemble permettant l'organisation de résistances moléculaires.

Car on ne résiste pas à l'État massivement, sauf à le croire encore unique dépositaire du pouvoir. Le pouvoir est partout – Michel Foucault en fait la magistrale démonstration – donc les résistances doivent s'installer partout où il se trouve. Plus de fascisme franc et net, étatique, casqué et botté, visible, expansif sur le mode agressif, mais des microfascismes, là où se joue le rapport entre les hommes, entre les humains et la société. D'où des microrésistances à générer, à construire au coup par coup : nous sommes à l'ère des archipels de pouvoir, il faut désormais des puissances de résistance archipélagiques...

L'Université populaire agit en laboratoire pour ce travail : voir, identifier les flux négatifs et mortifères dans une société, ne pas se faire l'agent de propagation, couper les circuits, résister, donc ne pas être conducteur – au sens électrique du terme. Le libéralisme ? Le capitalisme ? Aucun n'existe sur le mode platonicien : il n'y a que des agents capitalistes, des situations libérales, des individus courroies de transmission de ces forces sombres, des occasions d'augmenter ou d'arrêter la circulation de ces flux. Le Mal ? il n'existe pas en dehors des faits dans lesquels il s'incarne. Ce sont autant de situations fabriquées auxquelles on peut au moins ne pas contribuer.

Restaurer la philosophie

Où l'on retrouve, donc, à l'Université populaire, une autre façon de philosopher, une autre définition de la discipline, une pratique alternative.

Premièrement : contre la seule légitimation scolaire et universitaire, contre la réduction académique de la philosophie, contre sa soumission aux valeurs nihilistes du marché : restaurer la pratique antique soucieuse de conversion dans la perspective d'une création de soi, condition du reste.

Deuxièmement : contre l'historiographie classique, fabriquée pour prendre des distances avec la puissance existentielle de la discipline et la reléguer dans un corpus destiné à fournir des armes à la pensée conservatrice, voire réactionnaire, contre le culte idéaliste, spiritualiste, dualiste du théorétique qui produit du discours, du verbe et de la glose en quantité : viser une théorie utilitariste et pragmatique, envisager la production d'effets dans la vie quotidienne et concrète – une vie philosophique.

Troisièmement : contre la réduction de la philosophie en classe terminale et le confinement de la discipline à cette seule section, contre la machinerie des logiques officielles – coefficients, exercices de style calibrés, production d'un emploi du temps, auteurs et notions officiellement arrêtés, contrôle des connaissances : instaurer la gratuité intégrale de la pratique, et dès le plus jeune âge, sans limite, car le désir de philosopher suffit pour légitimer cette ascèse personnelle.

Quatrièmement : contre la confiscation de la philosophie par des professionnels incestueux désireux de reproduire le système et la caste qui le perpétue par des logiques élitistes, ésotériques, volontairement générées puis entretenues par le recours à un langage abscons, des formules obscures, un vocabulaire nébuleux, une rhétorique spécieuse : ouvrir la philosophie à ceux qu'un désir de s'en emparer motive, sans autre perspective que de travailler sur soi, progresser pour construire sa subjectivité telle une monade souveraine.

Cinquièmement : contre l'avachissement de la philosophie confisquée à des fins de psychothérapie de groupe improvisée dans les cafés philo, asservie à la marchandisation médiatique ou éditoriale, détournée pour servir le monde comme il va dans des logiques de collaboration libérale : ouvrir des Universités populaires qui, *via* la médiation d'un *intellectuel collectif*, produit les conditions de possibilité d'une sculpture de soi, d'une belle individualité. Éloge, donc, des révolutions moléculaires.

Table

DU MÊME AUTEUR

Chez d'autres éditeurs

GEORGES PALANTE. *Essai sur un nietzschéen de gauche*, Folle Avoine, 1989 ; rééd. augmentée sous le titre PHYSIOLOGIE DE GEORGES PALANTE. *Pour un nietzschéisme de gauche*, Grasset, 2002.
LE VENTRE DES PHILOSOPHES. *Critique de la raison diététique*, Grasset, 1989 ; Le Livre de Poche, 1990.
CYNISMES. *Portrait du philosophe en chien*, Grasset, 1990 ; Le Livre de Poche, 1992.
L'ART DE JOUIR. *Pour un matérialisme hédoniste*, Grasset, 1991 ; Le Livre de Poche, 1994.
LA SCULPTURE DE SOI. *La morale esthétique*, Grasset, 1991 ; Le Livre de Poche, 1996. Prix Médicis de l'Essai.
L'ŒIL NOMADE. *La peinture de Jacques Pasquier*, Folle Avoine, 1993.
LA RAISON GOURMANDE. *Philosophie du goût*, Grasset, 1995 ; Le Livre de Poche, 1997.
ARS MORIENDI. *Cent petits tableaux sur l'avantage et l'inconvénient de la mort*, Folle Avoine, 1995.
MÉTAPHYSIQUE DES RUINES. *La peinture de Monsu Desiderio*, Mollat, 1995.
LE DÉSIR D'ÊTRE UN VOLCAN. *Journal hédoniste*, t. I, Grasset, 1996 ; Le Livre de Poche, 1998.
LES FORMES DU TEMPS. *Théorie du sauternes*, Mollat, 1996.
POLITIQUE DU REBELLE. *Traité de résistance et d'insoumission*, Grasset, 1997 ; Le Livre de Poche, 1999.
LES VERTUS DE LA FOUDRE. *Journal hédoniste*, t. II, Grasset, 1998 ; Le Livre de Poche, 2000.
À CÔTÉ DU DÉSIR D'ÉTERNITÉ. *Fragments d'Égypte*, Mollat, 1998.
THÉORIE DU CORPS AMOUREUX. *Pour une érotique solaire*, Grasset, 2000 ; Le Livre de Poche, 2001.
L'ARCHIPEL DES COMÈTES. *Journal hédoniste*, t. III, Grasset, 2001 ; Le Livre de Poche, 2002.
ANTIMANUEL DE PHILOSOPHIE. *Leçons socratiques et alternatives*, Bréal, 2001.
L'INVENTION DU PLAISIR. *Fragments cyrénaïques*, Le Livre de Poche, 2002.
ESTHÉTIQUE DU PÔLE NORD. *Stèles hyperboréennes*, Grasset, 2002 ; Le Livre de Poche, 2004.
FÉERIES ANATOMIQUES. *Généalogie du corps faustien*, Grasset, 2003.

DANS LA MÊME COLLECTION

Jean-François Lyotard
Instructions païennes

David Cooper
Qui sont les dissidents ?

Jean Baudrillard
L'Effet Beaubourg

Pierre-Jakez Hélias
Lettres de Bretagne

Jean-Marie Touratier
TV

Vercors
Sens et Non-Sens de l'histoire

Jean-Marie Touratier
Le Stéréotype

Colette Pétonnet
On est tous dans le brouillard

Collectif
Stratégies de l'utopie

Alain Touraine
Mort d'une gauche

Serge Doubrovsky
Parcours critique

Jalil Bennani
Le Corps suspect

Suzanne Roth
Les Aventures au XVIIIe siècle

Roselène Dousset-Leenhardt
La Tête aux antipodes

Jean Oury
Onze heures du soir à La Borde

Collectif
Analyse de l'idéologie, I

Fernand Deligny
Les Enfants et le Silence

Pierre Bouvier
Travail et Expression ouvrière

Sarah Kofman
L'Énigme de la femme

Louis Sala-Molins
Le Dictionnaire des inquisiteurs

Jacqueline Rousseau-Dujardin
Couché par écrit

Jean Borie
Mythologies de l'hérédité au XIXe siècle

Patrick Lacoste
Il écrit

Jean Baudrillard
Simulacres et Simulation

Claude Durand
Chômage et Violence

Collectif
Le Semblant

Collectif
Rejouer le politique

Armando Verdiglione
Fondations de la psychanalyse

Dominique Viart
L'Écriture seconde

Colette Pétonnet
Espaces habités

Jean-Luc Nancy
Le Partage des voix

Collectif
Le Champ du laboureur

Sarah Kofman
Le Respect des femmes

Sarah Kofman
Comment s'en sortir ?

Sarah Kofman
Un Métier impossible

Collectif
C'est terrible quand on y pense

Jacques Derrida
D'un ton apocalyptique adopté naguère en philosophie

Luce Irigaray
La Croyance même

Collectif
Analyse de l'idéologie, II

Sarah Kofman
Nietzsche et la Métaphore

Sarah Kofman
Lectures de Derrida

Edgar Morin
Le Rose et le Noir

Jean-Joseph Goux
Les Monnayeurs du langage

Mikkel Borch-Jacobsen, Éric Michaud, Jean-Luc Nancy
Hypnoses

Jean-François Lyotard
Tombeau de l'intellectuel et autres papiers

Jacques Derrida
Otobiographies

Max Gallo
Les Idées décident de tout

Paul Virilio
L'Horizon négatif

Sarah Kofman
L'Enfance de l'art

Sarah Kofman
Mélancolie de l'art

Jean Baudrillard
Le Miroir de la production

Christine Buci-Glucksmann
La Raison baroque

Jean-François Lyotard
Le Postmoderne expliqué aux enfants

Christine Buci-Glucksmann
La Folie du voir

Sarah Kofman
Nietzsche et la Scène philosophique

Sarah Kofman
Pourquoi rit-on ?

Sarah Kofman
Paroles suffoquées

Jean Baudrillard
L'Autre par lui-même

Jean Baudrillard
Cool memories (1980-1985)

Sarah Kofman
Conversions

Jean-Marie Touratier
Manuel pratique d'art contemporain

Jean-François Lyotard
Heidegger et « les juifs »

André Gorz
Métamorphoses du travail
Quête du sens

Henri Cueco, Pierre Gaudibert
L'Arène de l'art

Jean-François Lyotard
L'Inhumain

Michel Ragon
Karel Appel, de Cobra à un art autre

Démosthènes Davvetas
Soleil immatériel

Jean-François Lyotard
La Guerre des Algériens

Jean Oury
Création et Schizophrénie

Michel Sicard
Essais sur Sartre

Christine Buci-Glucksmann
Tragique de l'ombre

Jean-François Lyotard
Pérégrinations

Sarah Kofman, Jean-Yves Masson
Don Juan ou le refus de la dette

Sarah Kofman
« Il n'y a que le premier pas qui coûte »

Jean-François Lyotard
Lectures d'enfance

André Gorz
Capitalisme, Socialisme, Écologie

Collectif
Penser la folie
Essais sur Michel Foucault

Christine Buci-Glucksmann
L'Enjeu du beau

Jean Oury
L'Aliénation

Jean-François Lyotard
Moralités postmodernes

Jean-François Lyotard
Des Dispositifs pulsionnels

Jean-François Lyotard
Dérive à partir de Marx et Freud

Édouard Valdman
Les Juifs et l'Argent

André Antolini/Yves-Henri Bonello
Les Villes du désir

Pierre Alechinsky
Travaux à deux ou trois

Pierre Bouvier
Socio-Anthropologie du Contemporain

Yves-Henri Bonello
L'Injustice

Christine Buci-Glucksmann
L'Œil cartographique de l'art

Collectif
Puissance du baroque

Jacques Derrida/Bernard Stiegler
Échographies de la télévision

Édouard Jaguer
Cobra au cœur du XXe siècle

André Gorz
Misères du présent,
richesse du possible

Blandine Kriegel
La Cité républicaine

Pierre-André Taguieff
L'Effacement de l'avenir

Christine Buci-Glucksmann
L'Esthétique du temps au Japon

Christine Buci-Glucksmann
La Folie du voir
Une esthétique du virtuel

René Major
La Démocratie en cruauté

André Gorz
L'immatériel
Connaissance, valeur et capital

Michel Onfray
La philosophie féroce
Exercices anarchistes

Michel Deguy
Sans retour

Bernard Stiegler
Philosopher par accident
Entretiens avec Élie During

Michel Onfray
La communauté philosophique
Manifeste pour l'Université populaire

CET OUVRAGE A ÉTÉ ACHEVÉ D'IMPRIMER POUR LE COMPTE DES ÉDITIONS GALILÉE PAR L'IMPRIMERIE FLOCH À MAYENNE EN SEPTEMBRE 2004
NUMÉRO D'IMPRESSION : 60649
DÉPÔT LÉGAL : SEPTEMBRE 2004.
NUMÉRO D'ÉDITION : 708.

Code Sodis : S 20 739 4

Imprimé en France